pc
les nuls
en voyage !

Amine Bouchentouf

Sylvie Chraïbi

Aboubakr Chraïbi

pour l'adaptation française

FIRST
Editions

L'arabe pour les Nuls en voyage !, 2e édition

« Pour les Nuls » est une marque déposée de John Wiley & Sons, Inc.
« For Dummies » est une marque déposée de John Wiley & Sons, Inc.

Éditions First, un département d'Édi8
12, avenue d'Italie
75013 Paris – France
Tél. : 01 44 16 09 00
Fax : 01 44 16 09 01
Courriel : firstinfo@editionsfirst.fr
Site Internet : www.pourlesnuls.fr

ISBN : 978-2-412-02246-7
Dépôt légal : avril 2017

Imprimé en France
Mise en page : Soft Office

Sommaire

Introduction

L'arabe est la langue officielle de plus de vingt pays et la langue maternelle de plus de 300 millions de personnes. On le parle dans tout le Proche et le Moyen-Orient, du Maroc à l'Irak. Par ailleurs, l'arabe, langue du Coran et de l'islam, est compris par plus de 1,2 milliard de personnes sur la planète.

Des événements récents ont fait de l'arabe une des langues les plus importantes du monde. Même dans des pays dont il n'est pas la langue officielle, nombreux sont ceux qui s'efforcent de le maîtriser.

Pour un Occidental, l'arabe semble difficile au premier abord : certes, ce n'est pas une langue latine, et même l'alphabet est différent. Cependant, comme toute autre langue, l'arabe obéit à un ensemble de règles : lorsque vous maîtriserez ces règles, vous serez capable de parler l'arabe aussi bien qu'un natif du Moyen-Orient !

L'arabe pour les Nuls vous permettra de connaître et de comprendre, de la manière la plus facile et la plus interactive qui soit, les règles de la langue arabe. Chaque chapitre est conçu de façon simple et cohérente, pour un apprentissage vivant et pratique.

À propos de ce livre

Rares sont les livres qui vous permettent de vous initier à l'arabe de façon aussi précise et pratique. Inutile de lire tout le livre pour comprendre de quoi on parle ! N'hésitez pas à sauter des chapitres, en fonction de ce que vous recherchez. Par ailleurs, chaque point de grammaire ou de linguistique est expliqué en français, ce qui vous permet de saisir tout de suite l'idée essentielle. J'ai pris grand soin de tout expliquer de façon claire et succincte.

Qu'est-ce que l'arabe ?

L'arabe, comme l'hébreu ou l'amharique (langue parlée en Éthiopie), est une langue sémitique. Et elle est relativement jeune. C'est dans le Sinaï, en Égypte, que l'on a trouvé une des plus anciennes traces de l'arabe : des graffitis qui remontent à l'an 300 après J.-C.

Quant à l'alphabet arabe, il s'est formé progressivement à partir des écritures araméenne et syriaque, langues qui étaient en usage en Syrie et en Irak.

À partir du VIe siècle, on peut dire que l'écriture arabe est née.

L'arabe aujourd'hui

L'arabe moderne standard (AMS) est la forme la plus connue et la plus largement utilisée au monde. Elle est moins contraignante que l'arabe classique mais plus formelle que les dialectes régionaux. L'arabe moderne standard est la langue dans laquelle les journalistes présentent l'actualité, dans laquelle la plupart des écrivains s'expriment, ou encore dans laquelle les hommes d'affaires négocient et discutent des détails techniques.

C'est aujourd'hui l'arabe de référence, celui qui est enseigné dans toutes les écoles de tous les pays, celui que l'on lit, écrit, et parle dans de nombreuses circonstances : discours officiels, conférences, rencontres, travail.

Conventions utilisées dans ce livre

Dans ce livre, chaque nouveau mot arabe apparaît en bleu, en transcription, suivi de sa prononciation correcte et de son équivalent français entre parenthèses.

Pourquoi transcrire ?

La méthode de transcription en caractères latins utilisée ici a l'avantage d'être facilement accessible au lecteur francophone. Elle est simple et ne présente pas de difficulté pour être mémorisée. Elle sera particulièrement utile aux débutants, car elle permet très vite de parler la langue sans nécessairement savoir lire l'écriture arabe.

Un système de transcription est une convention, pas toujours évidente à décrypter ! C'est pourquoi nous avons choisi de vous aider en notant entre parenthèses comment vous devez prononcer les mots.

Voici les règles de lecture que nous nous sommes fixées :

1. Les voyelles transcrites se prononcent comme suit :

- **u** se prononce *ou*
- **û** se prononce *oû* (c'est-à-dire que vous devez prononcer un « ou » long)
- **a** se prononce *a*
- **â** se prononce *aa* (vous devez prononcer un « a » long)
- **i** se prononce *i*
- **î** se prononce *ii* (vous devez prononcer un « i » long)

2. Pour faciliter l'accès à la prononciation des mots, nous mettons un tiret après :

- les voyelles longues
- une consonne qui n'est pas suivie d'une voyelle, mais directement d'une autre consonne
- « s », « m », « n », lorsqu'il pourrait y avoir des confusions avec une prononciation différente en français. (Exemple : « in » en français peut se prononcer comme dans « malin », alors qu'en arabe il se prononcera toujours comme dans « maline »)
- « ' », « ' » et « h », afin de vous signaler que leur bonne prononciation est conditionnée par une bonne attaque du son qui leur correspond.

3. Pour éviter toute erreur de lecture, nous avons transcrit la lettre « chîne » par « ch », et non « sh » (comme cela se fait usuellement). En effet, des mots comme **ashal** (*a-s-hal* ; plus facile) ou **ashar** (*a-s-har* ; je veille) pourraient être lus « achal » ou « achar », alors qu'ici « s » et « h » renvoient à deux sons différents.

Dans tous les cas, reportez-vous au tableau de l'alphabet (tableau 1-3) ; il vous aidera à mieux lire et prononcer le système de transcription ainsi que l'écriture arabe.

La transcription est très pratique pour les débutants, mais il est conseillé aux personnes plus avancées d'apprendre à maîtriser l'écriture arabe.

À noter : la section **Mots clés** sera présente dans chaque partie. Pour maîtriser une nouvelle langue, il importe de se familiariser avec certains mots et certaines expressions importantes. Vous trouverez dans cette section les termes que je vous conseille d'apprendre par cœur, avec la prononciation et la traduction.

À qui s'adresse ce livre ?

En écrivant ce livre, j'ai fait les suppositions suivantes :

» Vous ne connaissez pas du tout (ou pratiquement pas) l'arabe.

» Vous aimeriez maîtriser l'arabe, pour des raisons professionnelles ou personnelles.

» Vous aimeriez être capable de dire quelques phrases pour échanger des informations de base en arabe.

» Ou bien, vous avez déjà quelques notions d'arabe, mais vous aimeriez faire quelques progrès.

» Vous ne recherchez pas un simple livre de grammaire arabe, vous voulez plutôt découvrir l'arabe d'une façon amusante et agréable.

» Vous aimeriez pouvoir parler l'arabe de base au bout de quelques leçons seulement !

Pour accéder aux fichiers MP3

Afin de vous habituer à la langue arabe et à ses particularités, nous vous proposons des fichiers MP3 mettant en scène des situations que vous aurez de grandes chances de rencontrer, comme passer une commande au restaurant, changer de l'argent ou passer les douanes à l'aéroport.

Vous trouverez les fichiers à télécharger directement sur la page de l'ouvrage. Pour cela, recherchez le titre de ce livre sur le site Internet www.pourlesnuls.fr et cliquez sur le lien de la section « Téléchargement », située sous la couverture de l'ouvrage.

Les icônes du livre

Ce livre utilise différentes icônes pour attirer l'attention sur certains types d'informations :

TRUC

Lisez avec attention ce paragraphe. Il contient une information qui vous permettra de progresser de façon immédiate.

À RETENIR

Précision qu'il est important de ne pas oublier si l'on souhaite vraiment étudier et pratiquer l'arabe.

ATTENTION !

La découverte d'une nouvelle langue peut être une expérience magnifique. Cependant, il existe toujours des pièges à éviter, qu'il s'agisse de grammaire, de linguistique ou de culture. Cette icône signale d'importants risques d'erreur.

GRAMMAIRE

La grammaire, c'est ce qui donne à une langue sa cohérence. Sans être un ouvrage de grammaire, ce livre comporte quelques leçons importantes que vous ne devriez pas négliger. Cette icône signale des points de grammaire qui vous aideront à maîtriser la langue arabe.

CULTURE

Cette icône signale des moyens de communication non verbaux qui sont courants dans les pays arabophones. Je m'en sers pour faire le lien entre la langue et la culture. Ainsi, vous saurez dans quel contexte culturel vous pouvez utiliser les mots et les phrases que vous venez d'apprendre.

Et maintenant...

Ce livre est conçu pour être feuilleté dans tous les sens, ou peu s'en faut. Vous n'avez pas besoin de tout lire, du début à la fin. Vous voulez savoir comment demander votre chemin en arabe ? Allez directement au chapitre 5. Vous avez besoin de changer de l'argent ? Reportez-vous au chapitre 4. Vous souhaitez vous familiariser avec la grammaire arabe ? Le chapitre 2 vous attend.

Chapitre 1

Les bases de l'arabe

DANS CE CHAPITRE :

» **Découvrir les mots français qui viennent de l'arabe**

» **Se familiariser avec l'alphabet arabe et son écriture**

» **Prononcer… comme là-bas !**

MarHabâ (*mar-ḥabaa* ; bienvenue) dans l'univers merveilleux de l'arabe, langue officielle de plus de vingt pays, parlée par plus de 300 millions de personnes sur la planète ! L'arabe est la langue dans laquelle a été révélé et écrit le livre sacré de l'islam, et, sur plus de 1,3 milliard de musulmans, une vaste majorité étudient l'arabe afin de pouvoir lire le Coran et remplir leurs obligations religieuses. L'arabe vous ouvre des portes dans un vaste monde qui s'étend du Maroc à l'Indonésie (pour plus de renseignements sur le rôle de l'arabe dans l'Histoire, voir l'encadré « L'importance historique de l'arabe »).

Dans ce chapitre, vous allez commencer à vous familiariser avec l'arabe à travers des mots français qui y prennent leur racine. Vous allez découvrir l'alphabet arabe et ses beaux caractères, et apprendre à prononcer les différentes lettres « comme là-bas, dis ! ». Apprendre une nouvelle langue, c'est aussi découvrir une culture et une autre façon de voir les choses.

L'arabe : si loin, si proche !

Si le français est votre langue maternelle, apprendre une nouvelle **lugha** (*lougha* ; langue) consistera au moins en partie à établir des relations entre les **kalimât** (*kalimaa-t* ; mots) de la **lugha**, l'arabe en l'occurrence, et le français. Vous serez peut-être surpris d'apprendre qu'un certain nombre de mots français proviennent de l'arabe. Ainsi, par exemple, saviez-vous que les mots « magasin », « gazelle » et « café » étaient, en fait, des mots arabes ? Le tableau 1.1 présente des mots français familiers avec leur étymologie arabe.

TABLEAU 1.1 : Les origines arabes de certains mots du français

Français	Racine arabe	Signification
abricot	**al-barqûq**	prune
alcool	**al-kuHûl**	alcool
alcôve	**al-qubba**	dôme ou arche
algèbre	**al-jabr**	réduire ou consolider
almanach	**al-manâkh**	climat
amiral	**amir al-baHr**	officier de marine
arsenal	**dâr aS-Sinâ'a**	arsenal
artichaut	**al-kharchûf**	artichaut
azur	**lâzaward**	lapis lazuli
café	**qahwa**	café
caïd	**qâ'id**	chef
candi	**qand**	sucre de canne
chiffre	**Sifr**	zéro
coton	**quTn**	coton
élixir	**al-iksîr**	pierre philosophale

Français	Racine arabe	Signification
gazelle	**ghazâl**	gazelle
hasard	**zahr nard**	dés (jeu de)
magasin	**makhzan**	magasin, entrepôt
matelas	**mutrah**	jeté à terre
orange	**nâranj**	orange
safran	**za'frân**	safran
satin	**zaytun**	nom arabe d'une ville chinoise
sofa	**Souffa**	banquette
sorbet	**sharâb**	boisson sucrée à base de fruits
sucre	**sukkar**	sucre

CULTURE

L'IMPORTANCE HISTORIQUE DE L'ARABE

Alors que l'Europe vivait au rythme du Moyen Âge, des savants de la civilisation arabo-musulmane, parfois juifs ou chrétiens, persans, turcs ou africains, mais qui ont tous participé à l'essor de cette civilisation, ont traduit et développé en arabe la plus grande partie des œuvres de la Grèce antique : ils ont ainsi préservé certaines des plus grandes réussites intellectuelles sur lesquelles repose la civilisation occidentale !

Un exemple : Avicenne (980-1037), médecin et philosophe, grand connaisseur de Galien, compose au début du XIe siècle le *Canon de la médecine*, qui, traduit en latin au XIIe siècle, réédité plusieurs fois, servira ensuite à l'enseignement médical en Europe jusqu'au XVIIe siècle.

Comme le montre ce tableau, l'arabe a eu une influence non négligeable sur la langue française. Certains mots du français proviennent de l'arabe de façon indirecte, comme « amiral » ou « arsenal », tandis que d'autres, comme « café » ou « coton », signifient exactement la même chose que le mot arabe dont ils proviennent !

Aujourd'hui, cette influence a lieu le plus souvent dans l'autre sens, surtout pour les termes d'invention récente. Ainsi, par exemple, les mots **tilifizyûn** (*tilifiz-yoûn*) ou **râdyû** (*raa-d-yoû*) viennent tout droit des mots « télévision » et « radio ».

Si l'on tient compte des deux influences, cela fera ressortir une quantité importante de vocabulaire et facilitera d'autant plus l'effort de mémorisation et d'apprentissage.

Découvrir l'alphabet arabe

L'arabe, contrairement au français et aux autres langues latines, s'écrit et se lit de droite à gauche. L'arabe possède aussi ses voyelles et ses consonnes, mais en arabe les voyelles ne sont pas des lettres. Ce sont des symboles que l'on place au-dessus ou au-dessous des consonnes pour former certains sons. En ce qui concerne les consonnes, l'arabe en comporte vingt-huit, chacune représentée par un symbole différent. Ce sont autant de lettres dont la prononciation est déterminée par la voyelle placée au-dessus ou au-dessous. Ainsi, par exemple, si vous placez une **fatHa**, voyelle représentant le son « a », au-dessus de la consonne équivalente au « b », vous obtenez le son « ba ». Si vous placez sur cette même consonne une **kasra**, qui représente le son « i », vous obtenez le son « bi ».

Tout sur les voyelles

En arabe, il existe trois voyelles principales. Heureusement, elles sont faciles à prononcer : elles ressemblent aux voyelles que vous avez l'habitude d'utiliser. On distingue les *voyelles brèves* et les *voyelles longues* : les premières sont rarement utilisées dans les textes arabes ; les secondes s'écrivent toujours et sont nécessaires à la correction de la langue. On distingue aussi les *semi-voyelles, les diphtongues et les voyelles doubles.* Dans cette section, vous allez découvrir toutes les voyelles, ainsi que leurs combinaisons

Les voyelles brèves

» **fatHa** (*fat-Ha*). C'est l'équivalent du « a » bref, comme dans « chat » ou dans « rat ». Comme pour les autres voyelles, la prononciation de la **fatHa**, avec telle nuance ou telle intensité, dépendra de la consonne qui la précède ou qui la suit. Dans l'écriture arabe, la **fatHa** est un petit trait placé au-dessus d'une consonne. Dans la transcription en caractères latins que nous utiliserons dans ce livre, elle sera simplement représentée par la lettre « a », comme dans les mots **qalb** (*qal-b ;* cœur) et **walad** (*walad ;* garçon).

» **Damma** (*Dam-ma*). Cette voyelle se prononce « ou » comme dans « chou » ou dans « tout ». Dans l'écriture arabe, la **Damma** s'écrit comme une sorte de petit « e » inversé et est placée au-dessus d'une consonne. Dans notre transcription, elle sera représentée par la voyelle « u », comme dans **funduq** (*foun-douq ;* hôtel) ou dans **suHub** (*sou-houb ;* nuages).

- **kasra** (*kas-ra*). Cette voyelle doit sonner comme le « i » de « vite » ou de « frite ». Elle s'écrit comme la **fatHa** – un petit trait – sauf qu'ici, ce trait est placé sous la consonne. Dans la transcription en caractères latins, ce sera le « i » bref, comme dans **bint** (*bi-n-t ;* fille) ou dans **malik** (*malik ;* roi).

Les voyelles brèves apparaissent rarement dans les textes arabes, sauf dans certains livres anciens relativement difficiles, ou bien dans des livres pour enfants. C'est que, avec un peu d'entraînement, surtout pour l'arabe moderne standard, on peut tout à fait s'en passer. Ne vous étonnez pas alors de ne pas voir de voyelles brèves dans les journaux, les livres, les publicités ou les titres de films.

Les voyelles longues

Les voyelles longues sont des voyelles qui allongent les voyelles brèves. L'arabe étant une langue très poétique et musicale, je crois qu'une métaphore musicale serait pertinente ici. Pour comprendre la différence entre les voyelles longues et les voyelles brèves, pensez au solfège : pensez qu'une voyelle brève dure un temps, et que la voyelle longue équivalente dure deux temps. Autrement dit, il y a trois voyelles longues possibles **â** (*aa*), **û** (*oû*) et **î** (*ii*). Elles sont représentées, non pas par des symboles additionnels comme les voyelles brèves, mais par des lettres de l'alphabet, elles s'écrivent donc toujours :

- la voyelle longue *aa* est représentée par la lettre **alif** ; cela donnera par exemple **kitâb** (*kitaa-b ;* livre), ou **bâb** (*baa-b ;* porte). Ce **â** signifie qu'il faut tenir le son de la voyelle pendant deux temps plutôt qu'un seul.
- la voyelle longue *oû* est représentée par la lettre **wâw** (*waa-w*) ; on allonge ainsi la voyelle « ou »

pour obtenir un **oû** (*ouou*), que l'on transcrira, pour plus de commodité, par **û**. Ainsi prononce-t-on les mots **nûr** (*noûr* ; lumière) ou **ghûl** (*ghoûl* ; ogre, goule). Tenez bien la voyelle « ou » pendant deux temps.

» la voyelle longue *ii* est représentée par la lettre **yâ'** (*yaa-'*) ; on allonge donc la voyelle « i ». C'est le cas par exemple avec des mots en « ii » comme **kabîr** (*kabii-r* ; grand) et **Saghîr** (*Saghii-r* ; petit). On transcrit ce « *ii* » par **î** .

Pour les voyelles longues, les caractères arabes sont présentés dans le tableau 1.2.

TABLEAU 1.2 : Les voyelles longues en arabe

Caractère arabe	Nom du caractère	Explication
ا	**alif**	Voyelle longue en *aa*
و	**wâw**	Voyelle longue en *oû*
ي	**yâ'**	Voyelle longue *ii*

Les semi-voyelles

Il existe en arabe deux « semi-voyelles », ou semi-consonnes. Ce sont des voyelles qui peuvent être utilisées aussi en tant que consonnes. Il s'agit des lettres **yâ'** et **wâw** (*waa-w*). Quand on rencontre une de ces deux lettres, il convient de se demander s'il s'agit d'une voyelle longue ou d'une consonne. Il y a un cas où l'on est sûr que c'est une consonne : si le **yâ'** ou le **wâw** portent une voyelle. Là où l'on est sûr en revanche que c'est une voyelle, c'est lorsque le **yâ'** est précédé de la voyelle « i », ou lorsque le **wâw** est précédé de la voyelle « ou ». Dans le système de transcription choisi, il n'y aura jamais de confusion entre les deux rôles : les consonnes sont représentées par *y* et *w* et les voyelles longues par **î** et **oû**.

Les diphtongues

Lorsque **yâ'** et **wâw** sont consonnes et sont surmontés du signe **sukûn** (*soukoû-n*), symbole de petite dimension (un petit cercle), qui signifie « absence de voyelle » (**sukûn** veut dire « silence » en arabe), elles se prononcent comme des diphtongues, car la voyelle qui précède va se transformer peu à peu en une autre voyelle.

Voici quelques exemples de diphtongues :

- Diphtongue **wâw** : **yawm** (*yaw-m* ; jour) ; **nawm** (*naw-m* ; sommeil) ; **Sawt** (*saw-t* ; bruit).
- Diphtongue **yâ'** : **bayt** (*bay-t* ; maison) ; **'ayn** (*'ay-n* ; œil) ; **layla** (*lay-la* ; nuit).

Les voyelles doubles

La voyelle double est appelée en arabe **tanwîn** (*tan-wii-n*). Son principe d'utilisation est simple : on ajoute dans la prononciation (uniquement pour les noms indéterminés) la lettre **nûn** après la dernière voyelle du mot. Voici les trois combinaisons possibles :

- Double **fatHa :** le **tanwîn** associé à la **fatHa** donne le son « a-n », comme dans **ahlan wa sahlan** (*ah-la-n wa sah-la-n* ; salut).
- Double **Damma :** le **tanwîn** associé à la **Damma** donne le son « ou-n ». Exemple, **kuratun** (*kouratou-n* ; ballon) comporte une double **Damma**.
- Double **kasra :** le **tanwîn** associé à la **kasra** donne le son « i-n ». Ainsi pour **SafHatin** (*Saf-Hati-n* ; page).

Tout sur les consonnes

L'arabe utilise vingt-huit consonnes différentes, et chaque consonne est représentée par une lettre différente. L'alphabet arabe est constitué de lettres cursives, qui, à six exceptions près, sont liées entre elles. C'est pourquoi toute consonne peut être écrite de quatre façons différentes, selon sa position dans le mot : au début, au milieu, à la fin ou isolée.

Vous trouverez dans le tableau 1.3 (voir pages suivantes) la liste de toutes les consonnes et leurs différentes formes.

TABLEAU 1.3 : L'alphabet arabe

Lettre isolée	Nom de la lettre	Fin de mot	Milieu de mot	Début de mot	Prononciation	Exemple	Solaire/ lunaire
ا	alif	ـا	ne s'attache pas à la suivante	ا	**â** (*aa* ; « a » long)	**kalâm** (*kalaa-m* ; parole)	
ء	hamza	ئ، ؤ، أ، ء le support (ou l'absence de support) varie en fonction des voyelles qui entourent la **hamza**	ـئـ ، ؤ، أ، ء le support (ou l'absence de support) varie en fonction des voyelles qui entourent la **hamza**	أ le support de la lettre sera toujours ا	Cette consonne se réalise par un simple blocage de l'air. Si elle n'est pas suivie d'une voyelle, donner seulement un coup de glotte (**lu'lu'** ; perle). Si elle est suivie d'une voyelle, sa réalisation se fait en attaquant la voyelle énergiquement, comme le « a » de « animal ».	**lu'lu'** (*lou-'-lou-'* ; perle)	lunaire
ب	bâ'	ـب	ـبـ	بـ	b	**bâb** (*baa-b* ; porte)	lunaire

Lettre isolée	Nom de la lettre	Fin de mot	Milieu de mot	Début de mot	Prononciation	Exemple	Solaire/ lunaire
ت	tâ'	ـت	ـتـ	تـ	t	**tût** (*toû-t* ; mûre)	solaire
ث	thâ'	ـث	ـثـ	ثـ	**th**, se prononce comme le « th » de *thing* ou *think*, en anglais.	**thalâtha** (*thalaa-tha* ; trois)	solaire
ج	jîm	ـج	ـجـ	جـ	se prononce *j*, ou *dj* (comme le « dg » de *fridge* en anglais), ou encore, en Égypte du Nord, *g* (comme dans « golfe »).	**Tâjîn** (*Ta-a-ji-i-n* ; tajine)	lunaire
ح	Hâ'	ـح	ـحـ	حـ	**H** réalisée avec constriction du pharynx (pharyngale) ; imiter la prononciation d'un arabophone.	**Habîbî** (*Habii-bi* ; mon chéri)	lunaire

TABLEAU 1.3 : L'alphabet arabe (suite)

Lettre isolée	Nom de la lettre	Fin de mot	Milieu de mot	Début de mot	Prononciation	Exemple	Solaire/ lunaire
خ	khâ'	ـخ	ـخـ	خـ	**kh**, se prononce comme la « jota » espagnole, ou comme le « ch » allemand de *Bach*.	**akhî** (*akhii* ; mon frère)	lunaire
د	dâl	ـد	ne s'attache pas à la suivante	د	d	**dârunâ** (*daa-ru-naa* ; notre maison)	solaire
ذ	dhâl	ـذ	ne s'attache pas à la suivante	ذ	**dh**, se prononce comme le « th » anglais de *this*.	**tadhkira** (*tadh-kira* ; ticket)	solaire
ر	râ'	ـر	ne s'attache pas à la suivante	ر	**r**, se prononce comme le « r » roulé espagnol ou russe.	**aruzz** (*arouz-z* ; riz)	solaire
ز	zây	ـز	ne s'attache pas à la suivante	ز	z	**zaytûn** (*zay-toû-n* ; olive)	solaire

Lettre isolée	Nom de la lettre	Fin de mot	Milieu de mot	Début de mot	Prononciation	Exemple	Solaire/ lunaire
س	sîn	ـس	ـسـ	سـ	**s**, se prononce toujours comme le « s » de « sapin », mais jamais comme le « s » de « rose ».	**salâm** (*salaa-m* ; paix)	solaire
ش	**chîn** (se note usuel-lement **shîn**)	ـش	ـشـ	شـ	ch (transcrit usuellement *sh*).	**chukran** (*chouk-r-a-n* ; merci)	solaire
ص	Sâd	ـص	ـصـ	صـ	**S**, se prononce avec emphase (consonne emphatique).	**Sabâh** (*Sabaa- h* ;	solaire

TABLEAU 1.3 : L'alphabet arabe (suite)

Lettre isolée	Nom de la lettre	Fin de mot	Milieu de mot	Début de mot	Prononciation	Exemple	Solaire/ lunaire
ض	Dâd	ـض	ـضـ	ضـ	**D**, se prononce avec emphase (consonne emphatique). Imaginez que vous avez une pomme de terre chaude dans la bouche ! Cette consonne est spécifique à la langue arabe que l'on a coutume de surnommer **lughat ad-dâd**, « la langue de la lettre **dâd** ».	**Dabâb** (*Dabaa-b* ; brouillard)	solaire
ط	Tâ'	ـط	ـطـ	طـ	**T**, se prononce aussi avec emphase (consonne emphatique).	**Tâlib** (*Taa-lib* ; étudiant)	solaire
ظ	Zâ'	ـظ	ـظـ	ظـ	**Z**, consonne emphatique ; gardez votre pomme de terre chaude dans la bouche !	**manZar** (*ma-n-Zar* ; paysage)	solaire

Lettre isolée	Nom de la lettre	Fin de mot	Milieu de mot	Début de mot	Prononciation	Exemple	Solaire/ lunaire
ع	'ayn	ـع	ـعـ	عـ	Se note ' en transcription. Consonne gutturale, prononcée dans le bas du gosier. Elle se réalise par une constriction du larynx (laryngale).	**'inab** (*'i-na-b* ; raisin)	lunaire
غ	**rayn** (se note usuel-lement *ghayn*)	ـغ	ـغـ	غـ	**gh**, se prononce comme un « r » français.	**ghurfa** (*ghou-r-fa* ; chambre)	lunaire
ف	fâ'	ـف	ـفـ	فـ	f	**finjân** (*fi-n-jaa-n* ; tasse)	lunaire
ق	**qâf**	ـق	ـقـ	قـ	**q**, se réalise comme si l'on voulait prononcer le « q » français dans le fond de la gorge.	**qahwa** (*qa-h-wa* ; café)	lunaire

TABLEAU 1.3 : L’alphabet arabe (suite)

Lettre isolée	Nom de la lettre	Fin de mot	Milieu de mot	Début de mot	Prononciation	Exemple	Solaire/ lunaire
ك	**kâf**	ـك	ـكـ	كـ	k	**kul !** (*kou-l* ; mange !)	lunaire
ل	**lâm**	ـل	ـلـ	لـ	l	**lâ** (*laa* ; non)	solaire
م	**mîm**	ـم	ـمـ	مـ	m	**mâmâ** (*maa-maa* ; maman)	lunaire
ن	**nûn**	ـن	ـنـ	نـ	n	**Na’am** (*Na-’-a-m* ; oui)	solaire
ه	**hâ’**	ـه	ـهـ	هـ	**h**, est un « h » sonore, que l’on prononce dans un souffle. On le retrouve en anglais, dans *hello*, *home*.	**ahlan** (*a-h-la-n* ; bonjour)	lunaire

Lettre isolée	Nom de la lettre	Fin de mot	Milieu de mot	Début de mot	Prononciation	Exemple	Solaire/ lunaire
و	wâw	ـو	ne s'attache pas à la suivante	و	**w**, se prononce comme le « w » anglais (*west*, *water*). Si la lettre est utilisée en tant que voyelle longue, elle se prononce *ou*, que l'on maintient deux fois plus longtemps que la voyelle brève « ou », un peu comme le « oo » anglais (*good*, *soon*).	**walad** (*wa-la-d* ; enfant) / **nûr** (*noû-r* ; lumière)	lunaire
ي	**yâ'**	ـي	ـيـ	يـ	**y**, se prononce comme le « y » anglais (yes, yellow). Si la lettre est utilisée en tant que voyelle longue, elle se prononce i, que l'on maintient deux fois plus longtemps que la voyelle brève « i », un peu comme le « ee » anglais (*need*, *cheese*).	**yawm** (ya-w-m ; jour) / **kabîr** (kabii-r ; grand)	lunaire

Quelques précisions sur l'écriture arabe

Important à retenir : l'arabe s'écrit et se lit de droite à gauche. Les lettres semblent changer selon qu'elles se trouvent isolées, au début, au milieu ou à la fin d'un mot. Il y aurait donc quatre écritures possibles pour une même lettre. En réalité, les choses sont beaucoup plus simples qu'elles ne paraissent : pourvu que l'on soit attentif, et l'on se rend compte que c'est toujours le même symbole que l'on répète, peu importe sa position.

Pour reconnaître la consonne « b », par exemple, il suffit de repérer un trait vertical avec un point (un seul) sous la ligne. De même, le « t » est toujours un trait avec deux points au-dessus de la ligne.

La difficulté provient de ce que l'on ajoute des traits pour lier les lettres les unes aux autres, des traits plats au milieu et, le plus souvent, arrondis à la fin du mot, comme pour signifier qu'il est achevé. Ce sont ces plats et ces arrondis qui ont considérablement contribué à la beauté de l'écriture arabe.

Comme on peut le voir d'après le tableau, il existe six lettres qui ne se lient pas à la lettre suivante : **alif**, **r**, **z**, **d**, **dh** et **w**. Elles doivent être séparées de la lettre qui les suit.

La ponctuation

Avant l'ère des caractères d'imprimerie et, *a fortiori*, des logiciels arabisés, la lettre **fâ'** servait à marquer le début d'une nouvelle phrase, et la lettre **wâw** remplissait, pour ainsi dire, la même fonction que la virgule.

Aujourd'hui, les signes de ponctuation sont les mêmes en arabe qu'en français, à quelques nuances près :

- la virgule monte au lieu de descendre ;
- le point d'interrogation est dirigé en sens inverse du français, ce qui est logique, étant donné que le sens de l'écriture en arabe est, on l'a vu, de la droite vers la gauche.

La calligraphie

La calligraphie est un art majeur dans la culture arabo-musulmane. Elle se confond avec l'écriture : écrire, c'est écrire bellement. La preuve en est la signification du terme **khaTT**, qui désigne à la fois l'écriture et la calligraphie.

L'écriture calligraphiée vient orner les monuments (versets du Coran reproduits sur les murs des mosquées, des médersas – les écoles religieuses –, noms et dates de construction des édifices), mais aussi les livres et les documents administratifs (firmans, ordres ou édits portant le sceau du calife, correspondance officielle, pièces de monnaie).

Il existe différents styles, les plus anciens étant le *coufique* (adjectif dérivé du nom de la ville irakienne de Koufa qui fut, avec la ville de Basra, et avant la fondation de Bagdad en 762, un grand centre religieux et intellectuel) et le **naskhî**. Les anciens manuscrits du Coran sont pratiquement tous écrits en coufique.

Le coufique se caractérise par ses formes à géométrie anguleuse, tandis que le **naskhî** est plus souple, plus rond et plus fluide. Le coufique connaît lui-même deux écoles : orientale (Perse), et occidentale (Kairouan,

Tunisie, grand centre intellectuel de la partie occidentale de la civilisation arabo-musulmane), à partir duquel a été élaboré le style **maghribî** (maghrébin).

Aujourd'hui, seuls six styles sont utilisés (sur plus de trente au XIe siècle), que l'on nomme « les six plumes » (**al- aqlâm as-sitta** ; **aqlâm** étant le pluriel de **qalam**, plume de roseau, qui a donné en français « calame ») :

- le **thuluth**
- le **naskhî**
- le **ijâza**
- le **ta 'lîq**
- le **riq 'a**
- le **dîwânî**, descendant direct du **tawqî**

Essayez de mémoriser autant de lettres que possible et d'associer ces lettres aux mots arabes dans lesquels elles apparaissent. Le truc, pour arriver à bien prononcer ces sons qui vous semblent sans doute un peu exotiques, c'est la répétition, encore la répétition, toujours la répétition ! Comme dans toute discipline, c'est une question de pratique.

Parler l'arabe comme là-bas

Dans cette section, je vous propose deux astuces pour mieux comprendre la prononciation des lettres difficiles. Dès que vous maîtriserez cette prononciation, vous parlerez... comme là-bas, dis ! Familiarisez-vous donc avec les lettres et les mots suivants :

- **Hâ' : Hamrâ'** (*Ha-m-raa-'* ; rouge) ; **Hasan** (*Ha-sa-n* ; *Hassan* – prénom d'homme) ; **Hiwâr** (*Hiwaa-r* ; conversation) ; **Hazîn** (*Hazii-n* ; triste).
- **'ayn : 'ajîb** (*'a-jii-b* ; étonnant) ; **'azîma** (*'azii-ma* ; détermination, volonté) ; **'arîD** (*'a-rii-D* ; large).
- **qaaf : qif** (*qif* ; stop) ; **qird** (*qir-d* ; singe) ; **qaws** (*qaw-s* ; arc).
- **ghayn : ghaDbân** (*ghaD-baa-n* ; en colère) ; **ghurfa** (*ghour-fa ; chambre*) ; **ghadan** (*ghada-n* ; demain).

TRUC

Entre l'arabe parlé par ceux dont il est la langue maternelle et l'arabe baragouiné par les novices, la différence est dans l'articulation. Si vous parvenez à articuler clairement les lettres, et surtout les plus difficiles, vous donnerez l'impression que vous parlez l'arabe couramment ! Exercez-vous encore et encore à répéter ces mots, jusqu'à ce qu'il vous semble facile de les prononcer rapidement et très distinctement. Plus vous pratiquerez, plus vous parlerez comme un « pro » ! Sans compter qu'en apprenant les mots par cœur, vous ferez des progrès non seulement en prononciation, mais aussi en vocabulaire !

CULTURE

Ci-après figure un exemple de calligraphie arabe réalisée par Hachem Mohammed en 1949 (*Les règles de la calligraphie arabe*, Bagdad, 1961).

ومثلهم في الانجيل

Chapitre 2

La grammaire de base

DANS CE CHAPITRE :

» **Décliner les noms et les adjectifs**

» **Utiliser les articles définis et indéfinis**

» **Former des phrases simples**

» **Apprendre des verbes en arabe**

La grammaire, c'est le fondement même d'une langue. C'est le ciment qui rend solidaires les différents éléments dont la langue se compose et qui permet de communiquer, grâce à un ensemble de règles. C'est pourquoi ce chapitre vous présente les notions essentielles de la grammaire arabe. Vous y découvrirez les éléments fondamentaux du discours (noms, adjectifs, articles et verbes) et vous apprendrez à former des phrases descriptives simples et à utiliser des verbes courants, réguliers et irréguliers. Vous y trouverez aussi des prépositions, pronoms démonstratifs et autres éléments qui vous permettront de vous exprimer en arabe.

TRUC

Au fur et à mesure que vous parcourrez les différents chapitres de ce livre, vous aurez parfois des doutes sur la manière d'assembler les mots pour former vos phrases : il vous suffira alors de revenir à ce chapitre pour réviser les points de grammaire à appliquer. Facile !

Des noms, des adjectifs et des articles

Dans toute langue, les noms et les adjectifs sont les éléments de base. En arabe, comme dans les autres langues, les noms (ou substantifs) servent à désigner les gens, les lieux, les objets, une qualité ou une action. Les adjectifs permettent de donner une qualification aux substantifs. Pour bien comprendre comment les noms et les adjectifs s'utilisent en arabe, le mieux est de les étudier de façon séparée.

Appelons les choses par leur nom

Dans la langue arabe, chaque nom a une forme masculine (notée M) et une forme féminine (notée F), de même qu'il possède une forme singulière et une forme plurielle.

TABLEAU 2.1 : Des noms du vocabulaire arabe courant

Arabe	Prononciation	Français
walad	*walad*	garçon
awlâd	*aw-laa-d*	garçons
bint	*bi-n-t*	fille
banât	*ba-naa-t*	filles
rajul	*rajoul*	homme
rijâl	*rijaa-l*	hommes
imra'a	*i-mra-'a*	femme
nisâ'	*ni-saa-'*	femmes
tilmîdh	*til-mii-dh*	élève (M)
tilmîdha	*til-mii-dha*	élève (F)
mudarris	*moudar-ri-s*	maître

Arabe	Prononciation	Français
mudarrisa	*mou-dar-ri-sa*	maîtresse
Tâlib	*Taa-lib*	étudiant
Tâliba	*Taa-liba*	étudiante
ustâdh	*ous-taa-dh*	professeur (M)
ustâdha	*ous-taa-dha*	professeure
madrasa	*mad-ra-sa*	école
jâmi'a	*jaa-mi-'a*	université
thânawiyya	*thaa-nawiy-ya*	lycée
kitâb	*kitaa-b*	livre
Tâwila	*Taa-wila*	table
sayyâra	*say-yaa-ra*	auto

Les adjectifs

Dans la langue arabe, comme dans la langue française, tout adjectif doit s'accorder en genre et en nombre avec le nom auquel il est associé. Le tableau 2.2 présente des adjectifs usuels dans leurs formes féminine et masculine.

TABLEAU 2.2 : Adjectifs arabes d'usage courant

Arabe	Prononciation	Français
kabîr	*kabii-r*	grand (M)
kabîra	*kabii-ra*	grande (F)
Saghîr	*Saghii-r*	petit (M)
Saghîra	*Saghii-ra*	petite (F)
samîn	*samii-n*	gros
samîna	*samii-na*	grosse
naHîf	*naHii-f*	maigre (M)
naHîfa	*naHii-fa*	maigre (F)
Tawîl	*Tawii-l*	grand (de taille)

Arabe	Prononciation	Français
Tawîla	*Tawii-la*	grande (de taille)
qaSîr	*qaSii-r*	court
qaSîra	*qaSii-ra*	courte
jamîl	*jamii-l*	beau
jamîla	*jamii-la*	belle
bachi '	*bachi- '*	laid
bachi 'a	*bachi- 'a*	laide
qawiyy	*qawiy-y*	fort
qawiyya	*qawiy-ya*	forte
Da 'îf	*Da- 'ii-f*	faible (M)
Da 'îfa	*Da- 'ii-fa*	faible (F)
dhakiyy	*dhakiy-y*	intelligent
dhakiyya	*dhakiy-ya*	intelligente
ghabiyy	*ghabiy-y*	idiot
ghabiyya	*ghabiy-ya*	idiote
sarî '	*sarii- '*	rapide (M)
sarî 'a	*sarii- 'a*	rapide (F)
baTî'	*baTii-'*	lent
baTî'a	*baTii-'a*	lente
thaqîl	*thaqii-l*	lourd
thaqîla	*thaqii-la*	lourde
khafîf	*khafii-f*	léger
khafîfa	*khafii-fa*	légère
Sa 'b	*Sa- '-b*	difficile (M)
Sa 'ba	*Sa- '-ba*	difficile (F)
sahl	*sa-h-l*	facile (M)
sahla	*sa-h-la*	facile (F)
laTîf	*laTii-f*	gentil
laTîfa	*laTii-fa*	gentille

Arabe	Prononciation	Français
khabîth	*khabii-th*	méchant
khabîtha	*khabii-tha*	méchante
'ajîb	*'ajii-b*	étonnant
'ajîba	*'ajii-ba*	étonnante
'âdiyy	*'aa-diy-y*	ordinaire (M)
'âdiyya	*'aa-diy-ya*	ordinaire (F)
ladhîdh	*ladhii-dh*	délicieux
ladhîdha	*ladhii-dha*	délicieuse
qabîH	*qabii-H*	mauvais
qabîHa	*qabii-Ha*	mauvaise

Comme le montre le tableau 2.2, on passe le plus souvent de la forme masculine à la forme féminine en ajoutant le suffixe **-a**. Il existe un processus assez semblable en espagnol ou en italien : *bueno* a un féminin en *buena*.

À RETENIR

Il existe cependant des adjectifs dont les formes masculine et féminine sont très différentes l'une de l'autre. Il s'agit des adjectifs de couleur, des superlatifs (le plus grand, le plus petit…), et des adjectifs évoquant des difformités (borgne, aveugle…). Le tableau 2.3 présente les adjectifs de couleur les plus courants.

TABLEAU 2.3 : Adjectifs de couleur (al-alwân ; les couleurs)

Arabe	Prononciation	Français
abyaD	*ab-yaD*	blanc
bayDâ'	*bay-Daa-'*	blanche
aswad	*as-wad*	noir
sawdâ'	*saw-daa-'*	noire
azraq	*az-raq*	bleu

Arabe	Prononciation	Français
zarqâ'	*zar-qaa-'*	bleue
akhDar	*akh-Dar*	vert
khaDrâ'	*khaD-raa-'*	verte
aHmar	*aH-mar*	rouge (M)
Hamrâ'	*Ham-raa-'*	rouge (F)
aSfar	*aS-far*	jaune (M)
Safrâ'	*Saf-raa-'*	jaune (F)
asmar	*as-mar*	marron (M)
samrâ'	*sam-raa-'*	marron (F)

GRAMMAIRE

En arabe, l'adjectif est toujours après le nom. On ne peut pas, comme en français, placer un adjectif devant un nom. « Un beau paysage » se dira « un paysage beau » : **manZar jamîl** (*ma-n-Zar jamii-l*).

Découvrir les articles définis et indéfinis

Rappelons qu'un *article* est un terme utilisé pour spécifier l'application d'un nom ou d'un adjectif. En arabe, il en va de même qu'en français, sauf qu'il n'existe pas réellement d'article indéfini.

En français, les articles indéfinis sont « un », « une » et « des », comme dans « un livre », « une clé », « des pommes ». Les articles définis sont « le », « la » et « les », comme dans « le livre », « la clé », « les pommes ».

À RETENIR

En arabe, il n'y a qu'un seul article : l'article défini, qui vaut pour le singulier, le pluriel, le masculin et le féminin. Il s'agit – nous l'avons déjà vu – de **al**. Par exemple, « le livre » se dit **al-kitâb** (*al-kitaa-b*), tandis que « les livres » se dit **al-kutub** (*al-koutoub*).

Pour dire « un livre », ou « des livres », on ne met rien devant le mot, et cela suffit. **lî kitâb** (*lii kitaa-b*) veut dire « j'ai un livre » ; tandis que **lî al-kitâb** (*lii al-kitaa-b*) signifie « j'ai le livre ».

GRAMMAIRE

Parmi les consonnes, on distingue les lettres **solaires** des lettres **lunaires**.

Qu'est-ce que ça change ? Le « l » de l'article **al** (*le*, *la* ou *les*) ne se prononce pas si le mot qu'il définit commence par une lettre solaire ; cette dernière sera en revanche doublée. Si le mot qui suit l'article commence par une lettre lunaire, le « l » de l'article est prononcé normalement.

Par exemple, on dit **ach-chams** (*ach-cham-s* ; le soleil), car la lettre **ch** est solaire. Mais on dit **al-qamar** (*al-qa-mar* ; la lune), car la lettre **q** est lunaire.

Comment savoir dans quel cas on ne prononce pas le « l » de l'article et dans quel cas on le prononce ? Il faut apprendre par cœur le tableau 2.4 suivant, qui présente toutes les lettres solaires. Les lettres qui n'y figurent pas sont des lettres lunaires (cf. tableau 1.3 : l'alphabet arabe).

TABLEAU 2.4 : Les lettres solaires

Arabe	Prononciation	Français
ت	*taa'*	t
ث	*thaa'*	th
د	*daa-l*	d
ذ	*dhaa-l*	dh
ر	*raa'*	r
ز	*zaa-y*	z
س	*sii-n*	s
ش	*chii-n*	ch
ص	*Saa-d*	S
ض	*Daa-d*	D
ط	*Taa'*	T
ظ	*Zaa'*	Z
ل	*laa-m*	l
ن	*noû-n*	n

Le tableau 2.5 présente des noms et des adjectifs courants précédés du pronom défini. Remarquez bien la différence entre les mots commençant par une lettre solaire et les mots commençant par une lettre lunaire.

TABLEAU 2.5 : Noms et adjectifs courants mis à la forme définie

Arabe	Prononciation	Français
al-kitâb	*al-kitaa-b*	le livre
al-madrasa	*al-mad-ra-sa*	l'école
al-walad	*al-walad*	le garçon
al-bint	*al-bi-n-t*	la fille
ar-rajul	*ar-rajoul*	l'homme
al-mar'a	*al-mar-'a*	la femme
aS-SabâH	*aS-Sabaa-H*	le matin

Arabe	Prononciation	Français
ach-chams	*ach-cha-m-s*	le soleil
al-qamar	*al-qamar*	la lune
al-kabîr	*al-kabii-r*	le grand (M)
aS-Saghîr	*aS-Saghii-r*	le petit (M)
as-sarî '	*as-sarii-'*	le rapide (M)
al-azraq	*al-az-raq*	le bleu (M)
az-zarqâ'	*az-zarqaa-'*	la bleue (F)
aS-Safrâ'	*aS-Saf-raa-'*	la jaune (F)
as-samrâ'	*as-sa-m-raa-'*	la marron (F)
al-ladhîdh	*al-ladhii-dh*	le délicieux (M)

Noms et adjectifs épithètes

Nous allons maintenant voir comment créer des expressions à l'aide de noms et d'adjectifs. En arabe, l'adjectif vient toujours après le nom.

Avec des noms et des adjectifs, vous pouvez créer trois types d'expressions. Nous allons voir ici comment former des expressions à la forme indéfinie et à la forme définie (plus loin, dans ce même chapitre, nous verrons comment former une phrase complète simplement avec un nom et un adjectif).

Expressions à la forme indéfinie

En arabe, si un nom est suivi d'un adjectif et qu'aucun des deux n'est précédé de l'article défini **al**, on obtient une expression de forme indéfinie. Ainsi, par exemple, pour dire « un grand livre », vous ajoutez l'adjectif **kabîr** (*kabii-r* ; grand) au nom **kitâb** (*kitaa-b* ; livre). Voici d'autres exemples d'expressions à la forme indéfinie :

- » **walad Tawîl** (*walad Tawii-l* ; un grand garçon)
- » **bint jamîla** (*bi-n-t jamii-la* ; une jolie fille)

- **rajul qawiyy** (*rajoul qawiy-y* ; un homme fort)
- **imra'a laTîfa** (*im-ra-a laTii-fa* ; une femme agréable)
- **madrasa Saghîra** (*mad-ra-sa Saghii-ra* ; une petite école)
- **Tâwila Hamrâ'** (*Taa-wila Ha-m-raa-'* ; une table rouge)

Expressions à la forme définie

Entre une expression de forme indéfinie et une expression de forme définie, la principale différence est dans l'utilisation de l'article **al-**. Cet article s'applique à l'adjectif comme au nom. Ainsi, par exemple, pour dire « le grand livre », on dira **al-kitâb al-kabîr**. Voici quelques exemples d'expressions à la forme définie :

- **al-walad aT-Tawîl** (*al-walad T-Tawii-l* ; le grand garçon)
- **al-bint al-jamîla** (*al-bi-n-t l-jamii-la* ; la jolie fille)
- **ar-rajul al-qawiyy** (*ar-rajoul l-qawiy-y* ; l'homme fort)
- **al-mar'a al-laTîfa** (*al-mar'-a- l-laTii-fa* ; la femme agréable)
- **al-madrasa aS-Saghîra** (*al-mad-ra-sa S-Saghii-ra* ; la petite école)
- **aT-Tâwila al-Hamrâ'** (*aT-Taa-wila l-Ham-raa-'* ; la table rouge)

Remarquez bien que les adjectifs épithètes s'accordent avec les noms non seulement en genre (on dira **bint jamîla** et **non pas** **bint jamîl**) mais aussi et surtout en définition : on dira **al-bint al-jamîla** pour « la jolie fille » et non pas **al-bint jamîla**... Autrement le sens change complètement : **al-bint jamîla** signifie « La fille est jolie » et introduit une autre catégorie d'adjectifs : les adjectifs *attributs*, qui, en arabe, n'ont pas nécessairement besoin de verbe pour former des phrases complètes !

Faire des phrases simples sans verbe

En arabe, vous avez deux moyens de former des phrases : vous pouvez, soit utiliser des noms et des adjectifs, sans verbe, soit associer les noms et les adjectifs à des verbes. Eh oui, vous pouvez former une phrase entière, comprenant sujet, complément (et verbe, si vous avez à la traduire en français), mais sans utiliser aucun verbe en arabe... Vous aurez utilisé une phrase nominale ! Cela peut vous sembler un peu bizarre au début, mais vous allez vite comprendre la logique de ce type de syntaxe.

Les phrases nominales

À RETENIR

Avant tout, ce que vous devez savoir, c'est qu'au présent, il n'y a pas de verbe « être » en arabe. Bien entendu, cela ne signifie pas qu'une phrase avec le verbe « être » est intraduisible en arabe : elle est tout à fait traduisible. Simplement, au lieu d'employer un verbe, on utilisera le nom et l'adjectif d'une certaine façon. Tout est dans la combinaison de la forme définie (du nom) et de la forme indéfinie (de l'adjectif), telles qu'elles sont présentées dans la section qui précède (Noms et adjectifs épithètes).

L'adjectif attribut

En associant un adjectif sous la forme indéfinie à un nom sous la forme indéfinie, vous obtenez une expression sous la forme indéfinie. De même, en associant un adjectif sous la forme définie à un nom sous la forme définie, vous obtenez une expression sous la forme définie. Maintenant, que se passera-t-il si vous associez un adjectif sous la forme indéfinie à un nom sous la forme définie ? Votre adjectif change de catégorie, puisqu'il ne s'accorde plus en définition avec le nom, il ne peut plus être épithète, il devient un adjectif attribut. Vous obtenez alors une phrase similaire à celle où vous auriez utilisé le verbe « être » en français.

Ainsi, par exemple, prenons le nom **kitâb** (livre), mettons-le sous la forme définie **al-kitâb** (le livre) et ajoutons l'adjectif **kabîr** (grand) sous la forme indéfinie. Nous obtenons **al-kitâb kabîr**, ce qui signifie « le livre *est* grand ». Voici quelques exemples de phrases du type « être + adjectif » :

- **al-walad marîD** (*al-walad marii-D* ; le garçon est malade).
- **al-bint marîDa** (*al-bi-n-t marii-Da* ; la fille est malade).
- **as-sayyâra khadrâ'** (*as-say-yaa-ra khad-raa-'* ; l'auto est verte).
- **aT-Tâliba dhakiyya** (*aT-Taa-liba dhakiy-ya* ; l'élève est intelligente).
- **al-mudarris qaSîr** (*al-moudar-ri-s qa-Sii-r* ; le maître est petit).
- **al-ustâdh Tawîl** (*al-ous-taa-dh Tawii-l* ; le professeur est grand).

Pour utiliser des adjectifs supplémentaires, ajoutez simplement la conjonction **wa**. Voici quelques exemples de phrases du type « être + adjectif » avec deux adjectifs :

- **al-walad marîD wa Da'îf** (*al-walad marii-D wa Da-' ii-f* ; le garçon est malade et faible).
- **al-bint Tawîla wa jamîla** (*al-bi-n-t Tawii-la wa jamii-la* ; la fille est grande et belle).
- **as-sayyâra khadrâ' wa sarî'a** (*a-say-yaa-ra khad-raa-' wa sarii- 'a* ; l'auto est verte et rapide).
- **aT-Tâliba dhakiyya wa laTîfa** (*aT-Taa-liba dhakiy-ya wa laTii-fa* ; l'étudiante est intelligente et agréable).
- **al-mudarris qaSîr wa dhakiyy** (*al-moudar-ri-s qa-Sii-r wa dha-kiy-y* ; le maître est petit et intelligent).
- **al-ustâdh Tawîl wa qâsin** (*al-ous-taa-dh Tawii-l wa qaa-si-n* ; le professeur est grand et sévère).

Ce type de structure est assez flexible pour qu'en changeant la nature de l'un des adjectifs, vous changiez de façon radicale la signification de la **jumla** (*joum-la* ; phrase). Ainsi, dans tous ces exemples, le nom est à la forme définie et les deux adjectifs à la forme indéfinie. Que se passera-t-il si vous associez un nom sous la forme indéfinie à un adjectif sous la forme indéfinie et à un adjectif sous la forme définie ?

Considérons l'exemple suivant : **al-bint Tawîla wa jamîla** (*al-bi-n-t Tawii-la wa jamii-la* ; la fille est grande et jolie). Nous allons garder le nom à la forme définie, mais nous allons mettre l'adjectif **Tawîla** sous la forme définie, **aT-Tawîla**. Nous allons aussi renoncer à la conjonction **wa**. L'autre adjectif, **jamîla**, restera sous la forme indéfinie. On obtient alors la phrase **al-bint aT-Tawîla jamîla**, qui signifie « la grande fille est jolie ».

Pour mieux comprendre le principe, divisons cette phrase en deux parties. La première partie est la combinaison nom défini/adjectif défini **al-bint aT-Tawîla** (la grande fille). La deuxième partie est l'adjectif indéfini **jamîla** (jolie). Combiner ces deux parties revient à associer un adjectif indéfini à un nom défini : on obtient une phrase du type « être + adjectif ». Voici quelques autres exemples pour bien comprendre cette notion :

- **al-walad al-marîD Da'îf** (*al-walad al-marii-D Da- ' ii-f* ; le garçon malade est faible).
- **as-sayyâra al-khadrâ' sarî 'a** (*as-say-yaa-ra -l-khad-raa -' sarii- ' a* ; l'auto verte est rapide).
- **aT-Tâliba adh-dhakiyya laTîfa** (*aT-Taa-liba-dh-dhakiy-ya laTii-fa* ; l'étudiante intelligente est agréable).
- **al-mudarris al-qaSîr dhakiyy** (*al-moudar-ri-s al-qa-Sii-r dhakiy-y* ; le maître petit de taille est subtil).
- **al-ustâdh aT-Tawîl qâsin** (*al-ous-taa-dh aT-Tawii-l qaa-si-n* ; le professeur grand de taille est sévère).

Remarquez qu'un simple changement au niveau de l'article défini change le sens de la phrase ou de l'expression. Ainsi, par exemple, si le nom est à la forme définie et les deux adjectifs à la forme indéfinie, vous avez une phrase du type « être + adjectif », comme dans « le garçon est grand ». D'autre part, lorsque le nom et l'adjectif sont à la forme définie, l'adjectif affecte le nom directement et vous avez « le grand garçon ».

Utiliser les prépositions courantes

Du point de vue grammatical, les *prépositions* sont des mots (parfois d'une ou deux lettres !) ou des expressions courtes qui indiquent une relation entre un substantif et un autre type de mot : adjectif, verbe, nom ou autre substantif. En arabe comme en français, les prépositions jouent un rôle essentiel dans la construction des phrases. Le tableau 2.6 présente les prépositions les plus courantes, celles que vous êtes le plus susceptible d'utiliser en arabe.

TABLEAU 2.6 : Prépositions courantes

Arabe	Prononciation	Français
min	*mi-n*	de (*provenance*)
fî	*fii*	dans
ilâ	*ilaa*	vers
ma 'a	*ma- 'a*	avec
'alâ	*' alaa*	sur
qarîb min	*qarii-b mi-n*	près de
ba 'îd 'an	*ba-'ii-d 'a-n*	loin de
amâma	*amaa-ma*	devant
warâ'a	*waraa-'a*	derrière
taHta	*taH-ta*	au-dessous
fawqa	*faw-qa*	au-dessus
ilâ jânib(i)	*ilaa jaa-ni-b(i)*	à côté de

Vous pouvez utiliser ces prépositions pour former des expressions et des phrases en utilisant des noms et des adjectifs sous la forme définie ou indéfinie. Voici quelques exemples :

» **al-bint amâma al-madrasa** (*al-bi-n-t amaa-ma l-mad-ra-sa* ; la fille est devant l'école).

- **aT-Tâwila fî a l-ghurfa** (*aT-Taa-wila fii l-ghour-fa* ; la table est dans la pièce).
- **al-ustâdha fî al-jâmi 'a** (*al-ous-taa-dha fii l-jaa-mi-' a* ; la professeure est dans l'université).
- **al-maT 'am ilâ jânibi al-funduq** (*al-maT-'a-m i-laa jaa-nibi l-fou-n-douq* ; le restaurant est à côté de l'hôtel).
- **ar-rajul min firansâ** (*ar-rajoul mi-n fira-n-sa* ; l'homme vient de France).
- **al-madîna qarîba min ach-châTi'** (*al-madii-na qarii-ba mi-n ach-chaa-Ti-'* ; la ville est près de la plage).
- **as-sayyâra al-bayDâ' warâ'a al-manzil** (*as-say-yaa-ra l-bay-Daa-' waraa-'a l-ma-n-zil* ; l'auto blanche est derrière la maison).
- **al-walad al-laTîf ma 'a al-mudarris** (*al-walad al-laTii-f ma-'a l-moudar-ri-s* ; le gentil garçon est avec le maître).

Par ailleurs, avec un nom en sujet et un nom en objet, vous pouvez utiliser plus d'un adjectif :

- **al-mar'a al-jamîla fî as-sayyâra as-sarî'a** (*al-ma-r-a-l-jamii-la fii s-say-yaa-ra -s-sarii-'a* ; la belle femme est dans la voiture rapide).
- **al-mudarrissa adh-dhakiyya 'amâma al-madrasa al-bayDâ'** (*al-moudar-ri-sa dh-dhakiy-ya amaa-ma l-mad-ra-sa l-bay-Daa-'* ; la maîtresse intelligente est devant l'école blanche).
- **al-kursiyy aS-Saghîr warâ'a aT-Tâwila al-kabîra** (*al-kour-siy-y S-Saghii-r waraa-a T-Taa-wila l-kabii-ra* ; la petite chaise est derrière la grande table).

Soyez démonstratif !

Un pronom *démonstratif* est utilisé pour désigner une personne, un animal ou un objet (ce, cette, celui). Il y a en arabe des pronoms démonstratifs pour le masculin, le féminin, le singulier et le pluriel, avec une petite particularité : si l'on fait référence à un groupe d'objets (*pluriel inanimé*), on utilisera le démonstratif féminin singulier.

Voici des pronoms démonstratifs singuliers :

» **hâdhâ** (*haa-dhaa* ; ce, celui-ci, cet) (M)

» **hâdhihi** (*haa-dhi-hi* ; celle-ci, cette) (F)

» **dhâlika** (*dhaa-lika* ; cela, celui-là) (M)

» **tilka** (*til-ka* ; celle-là, cette ...-là) (F)

Voici des pronoms démonstratifs pluriels:

» **hâ'ulâ'i** (*haa-oulaa-i* ; ces, ceux-ci, celles-ci)

» **ûlâ'ika** (*oû-laa-ika* ; ceux-là, celles-là, ces ...-là)

Vous pouvez associer des pronoms démonstratifs à des noms et des adjectifs définis ou indéfinis. Ainsi, par exemple, pour dire « ce garçon », vous ajouterez le pronom démonstratif masculin **hâdhâ** (ce) au nom défini **al-walad** (le garçon). Le pronom démonstratif précédant toujours le nom auquel il se rapporte, on obtiendra l'expression **hâdhâ al-walad**. Voici d'autres exemples :

» **hâdhihi al-bint** (*haa-dhi-hi l-bi-n-t* ; cette fille)

» **ûlâ'ika al-banât** (*oûlaa-ika l-banaa-t* ; ces filles-là)

» **hâ'oulâ'i al-awlâd** (*haa-oulaa-i l-aw-laa-d* ; ces garçons)

- **tilka al-ustâdha** (*til-ka -l-ous-taa-dha* ; cette professeure-là)
- **dhâlika -l-kitâb** (*dhaa-lika -l-kitaa-b* ; ce livre-là)

Lorsque vous utilisez un pronom démonstratif, le sens de l'expression change selon que l'objet est à la forme définie ou indéfinie. Lorsqu'un pronom démonstratif est suivi d'un nom à la forme définie, on obtient une expression sous la forme définie, comme dans les exemples qui précèdent. Cependant, lorsqu'on associe un pronom démonstratif à un nom sous la forme indéfinie, on obtient une phrase du type « être + adjectif » ou quelque chose d'équivalent. Ainsi, par exemple, si l'on associe le pronom démonstratif **hâdhâ** au nom **walad**, utilisé comme sujet indéfini, on obtient **hâdhâ walad** (*haa-dhaa walad* ; c'est un garçon). À partir des exemples qui précèdent, voyons ce que l'on obtient lorsque l'article défini du sujet est abandonné :

- **hâdhihi bint** (*haa-dhi-hi bi-n-t* ; c'est une fille).
- **ûlâ'ika banât** (*oulaa-ika ba-naa-t* ; ce sont des filles).
- **hâ'ulâ'i awlâd** (*haa-'oulaa-'i aw-laa-d* ; ce sont des garçons).
- **tilka ustâdha** (*ti-l-ka ous-taa-dha* ; c'est une professeure).
- **dhâlika kitâb** (*dhaa-li-ka ki-taab* ; cela est un livre).

Lorsqu'une expression démonstrative est associée à un sujet défini et à un adjectif indéfini, on obtient une expression plus descriptive :

- **hâdhihi al-bint jamîla** (*haa-dhihi -l-bi-n-t jamii-la* ; cette fille est jolie).

- » **ûlâ'ika al-banât Tawîlât** (*oû-laa-ika l-banaat Tawii-laa-t* ; ces filles-là sont grandes).
- » **tilka al-madrasa kabîra.** (*til-ka -l-mad-ra-sa kabii-ra* ; cette école-là est grande).

Inversement, lorsqu'une expression démonstrative est associée à un sujet défini et à un adjectif défini, on obtient une expression démonstrative qui ne forme pas une phrase complète :

- » **hâdhâ ar-rajul al-jamîl** (*haa-dhaa r-rajoul al-Jamii-l* ; ce bel homme)
- » **dhâlika al-kitâb al-'ajîb** (*dhaa-lika l-kitaa-b al-'ajii-b* ; ce livre étonnant)
- » **tilka al-madîna aS-Saghîra** (*til-ka l-madii-na S-Saghii-ra* ; cette petite ville-là)

Les pronoms personnels « isolés »

Il existe en arabe deux catégories de pronoms personnels : les pronoms « isolés » et les pronoms « affixes ». Au niveau de l'écriture, les premiers sont indépendants tandis que les seconds sont suffixés aux mots dont ils dépendent.

Nous allons nous intéresser ici aux pronoms isolés. On les utilise notamment comme sujets de phrases sans verbes, lorque l'on cherche à présenter ou décrire une personne, pour dire « je suis ... », « elle est ... », ou encore « c'est un(e) ... ».

Découvrons ces pronoms isolés grâce au tableau 2.7.

TABLEAU 2.7 : Pronoms personnels

Arabe	Prononciation	Français
anâ	*a-naa*	je/moi
anta	*a-n-ta*	tu/toi (M)
anti	*a-n-ti*	tu/toi (F)
huwa	*hou-wa*	il
hiya	*hiya*	elle
antumâ	*a-n-toumaa*	vous (deux) (M/F)
humâ	*houmaa*	ils/eux, elles (deux)
naHnu	*naH-nou*	nous
antum	*a-n-toum*	vous (M)
antunna	*a-n-tou-n-na*	vous (F)
hum	*houm*	ils/eux
hunna	*houn-na*	elles

À RETENIR

Vous pouvez remarquer que l'arabe fait une distinction de genre (masculin/féminin) pour les pronoms de la deuxième personne, au singulier et au pluriel (tu, vous). Il existe par ailleurs, pour les deuxièmes et troisièmes personnes seulement (tu/vous ; il(s)/elle(s)), des pronoms réservés à la désignation de deux objets. En français, on désigne un ensemble de deux objets par des expressions comme « une paire de », « un couple de ». En arabe, on suffixe aux mots la lettre **alif** pour dire que l'on veut parler de deux choses ou deux personnes. On parlera du *duel*.

Ainsi, si l'on suffixe un **alif** à **hum**, qui veut dire « eux », on aura un pronom qui voudra dire « eux deux ».

En revanche, il n'y a pas, comme en français, de vouvoiement. Le « vous » arabe désigne généralement un pluriel. Il peut néanmoins arriver que, dans des circonstances particulièrement solennelles, un arabophone ait recours au « vous » pour s'adresser à un seul individu. Mais ce cas de figure est tout de même peu fréquent.

Le pronom personnel peut donc être naturellement utilisé à la place d'un nom comme sujet d'une phrase sans verbe, donc dans une phrase nominale. Ainsi, par exemple, **hiya bint** (*hiya bi n t*) signifie littéralement « elle est une fille » que l'on traduira par « c'est une fille ». De même, **huwa walad** veut dire « il est un garçon » que l'on traduira par « c'est un garçon ».

Voici d'autres exemples qui vous aideront à vous familiariser avec ce type de construction :

- **anâ rajul** (*anaa rajoul* ; je suis un homme).
- **hum awlâd** (*houm aw-laad* ; ce sont des garçons).
- **hiya imra'a** (*hiya i-m-ra-a* ; c'est une femme).
- **anta kabîr** (*a-n-ta kabii-r* ; tu es grand).
- **anti jamîla** (*a-n-ti jamii-la* ; tu es belle).
- **antum masrûrûn** (*a-n-toum mas-roû-roû-n* ; vous êtes contents).
- **anti bint jamîla** (*a-n-ti bi-n-t ja-mii-la* ; tu es une jolie fille).
- **anta walad kabîr** (*a-n-ta walad kabii-r* ; tu es un grand garçon).
- **hunna nisâ' laTîfât** (*houn-na ni-saa-' laTii-faa-t* ; ce sont des femmes agréables).

- **huwa rajul qawiyy** (*houwa rajoul qawiy-y* ; c'est un homme fort).

Dire ce que l'on « n'est pas »

Nous avons vu qu'en arabe, il n'existe pas de verbe pour dire « je suis », « tu es », etc. En revanche, on utilise un verbe pour dire « je ne suis pas », « tu n'es pas », etc. Il s'agit du verbe **laysa** (*lay-sa*). Dans le tableau qui suit, ce verbe est conjugué à toutes les personnes (les formes au duel sont mises en évidence par le signe (D)).

Arabe	Prononciation	Français
lastu	*la-s-tou*	Je ne suis pas
lasta	*la-s-ta*	Tu n'es pas (M)
lasti	*la-s-ti*	Tu n'es pas (F)
laysa	*lay-sa*	Il n'est pas
laysat	*lay-sa-t*	Elle n'est pas
lastumâ	*la-s-toumaa*	Vous n'êtes pas (D ; M/F)
laysâ	*lay-saa*	Ils ne sont pas (D)
laysatâ	*lay-sa-taa*	Elles ne sont pas (D)
lasnâ	*la-s-naa*	Nous ne sommes pas
lastum	*la-s-toum*	Vous n'êtes pas (M)
lastunna	*la-s-toun-na*	Vous n'êtes pas (F)
laysû	*lay-soû*	Ils ne sont pas
lasna	*la-s-na*	Elles ne sont pas

Voici maintenant quelques exemples de phrases négatives sur le thème « n'être pas », dans lesquelles on utilise le verbe **laysa** :

- **lastu Tâliban** (*la-s-tou Taa-liba-n* ; je ne suis pas étudiant).
- **lasta marîDan** (*la-s-ta ma-rii-Da-n* ; tu n'es pas malade) (M).
- **lasnâ fî-l-madrasa** (*la-s-naa fii-l-mad-ra-sa* ; nous ne sommes pas à l'école).
- **laysat al-kura taHta as-sayyâra** (*lay-sa-t al-koura taH-ta s-say-yaa-ra* ; le ballon n'est pas sous la voiture).
- **laysa al-maT'am bijânibi al-funduq** (*lay-sa l-maT-'a-m bi-jaa-ni-bi l-foun-douq* ; le restaurant n'est pas à côté de l'hôtel).
- **laysat al-madrasa kabîra** (*lay-sa-t al-mad-ra-sa kabii-ra* ; l'école n'est pas grande).
- **laysa waladan Saghîran** (*lay-sa walada-n Saghii-ra-n* ; ce n'est pas un petit garçon).
- **laysat bintan jamîla** (*lay-sa-t bi-n-ta-n jamii-la* ; ce n'est pas une jolie fille).

Vous aurez remarqué deux choses :

- L'ordre des mots dans la phrase est différent de l'ordre français.
- La présence d'un **tanwîn** en « -an » à la fin de certains mots.

Nous vous devons quelques explications, n'est-ce pas ?

En arabe, l'ordre académique des mots dans une phrase contenant un verbe est le suivant : 1 : verbe + 2 : sujet + 3 : complément essentiel, les compléments circonstanciels (indications complémentaires sur le lieu, le temps, la manière) étant relégués au début ou à la fin de la phrase.

Toutefois, les arabophones ont de plus en plus tendance – n'en déplaise aux puristes – à l'oral surtout, mais parfois aussi à l'écrit, à placer le sujet avant le verbe. Cette inversion peut dans certains cas se justifier pleinement, car elle donne à la phrase davantage de clarté. Elle s'explique aussi du fait qu'à l'oral, les locuteurs ont tendance à se calquer sur la syntaxe de leur dialecte, qui leur est plus naturel. Or, dans presque tous les dialectes, l'ordre des mots est : 1 : sujet + 2 : verbe + 3 : complément essentiel.

Les noms ou adjectifs qui jouent le rôle de complément dans des phrases comportant le verbe **laysa**, comme avec tous les autres verbes d'état (verbes signifiant « être », « devenir », « rester », « n'être pas », « être encore », « n'être plus ») doivent être mis au « cas direct ». S'il vous reste des bribes du latin ou du grec de vos années de collège, ou si vous êtes germaniste, sachez que ce « cas direct » est l'équivalent de l'accusatif. Or, une des marques visibles du cas direct est le **tanwîn** en **-an**. En situation de dialogue, il est fréquent que l'on ne respecte pas cette règle.

Le verbe « être » au passé

En arabe, le verbe utilisé pour obtenir l'équivalent du verbe « être » au passé est **kâna** (*kaa-na*). Voici comment le conjuguer :

Arabe	Prononciation	Français
kuntu	*koun-tou*	J'étais
kunta	*koun-ta*	Tu étais (M)
kunti	*koun-ti*	Tu étais (F)
kâna	*kaa-na*	Il était

kânat	*kaa-na-t*	Elle était
kuntumâ	*koun-toumaa*	Vous étiez (D ; M/F)
kânâ	*kaa-naa*	Ils étaient (D)
kânatâ	*kaa-na-taa*	Elles étaient (D)
kunnâ	*koun-naa*	Nous étions
kuntum	*koun-toum*	Vous étiez (M)
kuntunna	*koun-toun-na*	Vous étiez (F)
kânuu	*kaa-noû*	Ils étaient
kunna	*koun-na*	Elles étaient

Voici quelques exemples d'utilisation de **kâna** :

- **kuntu marîDan** (*koun-tou ma-rii-Da-n* ; j'étais malade).
- **kunta fî al-maktaba** (*koun-ta fii l-mak-taba* ; tu étais à la bibliothèque).
- **kânat qarîba min al-manzil** (*kaa-na-t qarii-ba mi-n al-ma-n-zil* ; elle était près de la maison).
- **kunnâ fî al-masbaH** (*koun-naa fii l-ma-s-baH* ; nous étions dans la piscine).
- **kânat al-madrasa amâma al-maT'am** (*ka-nat l-mad-ra-sa a-maa-ma al-maT-'am* ; l'école était près du restaurant).
- **kâna al-kitâb al-azraq fawqa aT-Tâwila aS-Saghîra** (*kaa-na l-kitaa-b l-az-raq faw-qa T-Taa-wila S-Saghii-ra* ; le livre bleu était sur la petite table).
- **kâna ar-rajul fî sayyâra sawdâ'** (*kaa-na r-rajoul fii say-yaa-ra saw-daa-'* ; l'homme était dans une voiture noire).

- **kâna al-awlâd ma 'a al-banât** (*kaa-na l-aw-laa-d ma 'a l-banaa-t* ; les garçons étaient avec les filles).
- **kâna aT-Ta 'âm ladhîdhan** (*kaa-na T-Ta 'aa-m la-dhii-dha-n* ; la nourriture était délicieuse).

Nous ferons les mêmes remarques qu'avec le verbe **laysa** :

- C'est le verbe, et non le sujet, qui est placé en tête de phrase.
- Le complément du verbe d'état **kâna** doit être au « cas direct », ce qui explique la présence du **tanwîn** en **-an** à la fin de certains adjectifs attributs, ce **tanwîn** faisant partie des signes visibles indicateurs du « cas direct ».

Et nous attirons, en prime, votre attention sur une particularité supplémentaire. Observez la phrase en haut de cette page : vous avez remarqué que le sujet est au pluriel (**al-awlâd** ; les garçons), tandis que le verbe (**kâna** ; il était) est au singulier. C'est tout à fait normal, car il y a une règle en arabe, qui veut qu'un verbe placé avant son sujet s'accorde en genre avec ce dernier (M/F), mais reste au singulier. D'autre part, si le sujet est un pluriel de choses (des livres, des ballons, des pommes...), le verbe se met au féminin singulier. Ainsi, une phrase comme « Les livres étaient sur la table » se dira **kânat al-kutub fawqa-T-Tâwila**. Or, **kânat** est la forme féminin singulier du verbe être au passé.

Des verbes, maintenant

Vous serez heureux d'apprendre que les verbes sont plus simples en arabe que dans bien d'autres langues.

Fondamentalement, deux temps (ou aspects) sont à connaître : le passé (ou accompli : l'action est achevée) et le présent (ou inaccompli : l'action est inachevée). Il existe un futur, mais qui est dérivé du présent, auquel il suffit d'ajouter un préfixe.

Dans cette section, vous trouverez tout ce que vous avez besoin de savoir sur **al-af 'âl** (*al-af- 'aa-l* ; les verbes) en arabe ! Nous allons apprendre le passé, le présent et le futur, avec leurs formes régulières et irrégulières.

Plonger dans le passé

Au niveau du sens, un verbe arabe conjugué au passé exprime le fait que l'action décrite est achevée. On pourra le traduire en français soit par un passé-composé soit par un passé simple. Au niveau de la structure grammaticale, c'est assez simple : il suffit de suffixer à la base du verbe des pronoms personnels. Le plus souvent, le verbe est composé de trois consonnes qui forment la base. Au passé, les deux premières consonnes portent en général une **fatHa** (le son « a »). Mais il peut se trouver que la deuxième consonne porte une **Damma** (son « ou ») ou une **kasra** (son « i »). En revanche, la voyelle de la dernière consonne varie en fonction du pronom personnel affixe qui suit. Aux 1res et 2es personnes, il y a toujours un **sukûn** (pas de voyelle). Aux 3es personnes masculin et féminin du singulier et du duel, la voyelle qui suit la dernière consonne est « a ». À la 3e personne du masculin pluriel, la voyelle est « ou ». Enfin, à la 3e personne du féminin pluriel, la dernière consonne est suivie d'un **sukûn**.

Alors qu'en français, on présente un verbe en donnant son infinitif, en arabe, la référence est la 3e personne masculin singulier (il) d'une forme au passé (l'action est achevée). On l'appelle « la forme nue », car, en réalité, elle ne contient pas de pronom. Le « il » est sous-entendu, mais n'apparaît pas dans le corps du verbe. Ainsi, le verbe « écrire » est présenté sous la forme **kataba**, qui veut dire « il a écrit ». Les trois consonnes « k », « t » et « b » composent quant à elles la base du verbe.

Voici quelques verbes courants que vous serez peut-être amené à utiliser quand vous parlerez l'arabe :

- **akala** (*akala* : « manger » au passé)
- **chariba** (*chariba* : « boire » au passé)
- **fa 'ala** (*fa'ala :* « faire » au passé)
- **dhahaba** (*dhahaba* : « aller » au passé)
- **qara'a** (*qara'a* : « lire » au passé)
- **ra'â** (*ra-aa* : « voir » au passé)

Le tableau suivant montre le verbe **kataba** (« écrire » au passé) conjugué à toutes les personnes. Observez bien les changements de voyelles sur la lettre **b**, qui est la dernière consonne de la base du verbe. Apprenez également à bien faire la distinction entre la base et le pronom personnel suffixe.

Arabe	Prononciation	Français
katabtu	*katab-tou*	J'ai écrit
katabta	*katab-ta*	Tu as écrit (M)
katabti	*katab-ti*	Tu as écrit (F)
kataba	*kataba*	Il a écrit
katabat	*kataba-t*	Elle a écrit
katabtumâ	*katab-toumaa*	Vous avez écrit (D ; M/F)

katabâ	*katabaa*	Ils ont écrit (D)
katabatâ	*katabataa*	Elles ont écrit (D)
katabnâ	*katab-naa*	Nous avons écrit
katabtum	*katab-toum*	Vous avez écrit (M)
katabtunna	*katab-toun-na*	Vous avez écrit (F)
katabû	*kataboû*	Ils ont écrit
katabna	*katab-na*	Elles ont écrit

Voici maintenant le verbe **darasa** (*dara-sa* ; « étudier » au passé), conjugué à toutes les personnes.

Arabe	Prononciation	Français
darastu	*daras-tou*	J'ai étudié
darasta	*daras-ta*	Tu as étudié (M)
darasti	*daras-ti*	Tu as étudié (F)
darasa	*dara-sa*	Il a étudié
darasat	*dara-sa-t*	Elle a étudié
darastumâ	*daras-toumaa*	Vous avez étudié (D ; M/F)
darasâ	*dara-saa*	Ils ont étudié (D)
darasatâ	*dara-sa-taa*	Elles ont étudié (D)
darasnâ	*daras-naa*	Nous avons étudié
darastum	*daras-toum*	Vous avez étudié (M)
darastunna	*daras-toun-na*	Vous avez étudié (F)
darasû	*dara-soû*	Ils ont étudié
darasna	*daras-na*	Elles ont étudié

Si vous comparez les conjugaisons de **darasa** et de **kataba**, vous remarquerez sans doute un principe commun : chaque suffixe correspond à une personne. Une seule forme est sans suffixe, c'est celle qui désigne la 3e personne du masculin singulier (il). Le tableau 2.8 met en évidence ces pronoms suffixes, en les mettant en relation avec les pronoms isolés, dont vous avez fait la connaissance précédemment, au paragraphe intitulé « Se présenter, présenter, décrire quelqu'un : utilisation des pronoms personnels "isolés" » (voir tableau 2.7).

TABLEAU 2.8 : Les pronoms suffixes pour les verbes au passé (accompli)

Pronom isolé	Prononciation	Français	Pronom suffixe correspondant
anâ	*a-naa*	je/moi	**-tu** (*tou*)
anta	*a-n-ta*	tu (M)	**-ta**
anti	*a-n-ti*	tu (F)	**-ti**
huwa	*hou-wa*	il	(rien)
hiya	*hiya*	elle	**-t**
antumâ	*a-n-toumaa*	vous (deux)	(*toumaa*)
humâ	*houmaa*	eux deux	**-â** (*aa*)
humâ	*houmaa*	elles deux	**-tâ** (*taa*)
naHnu	*naH-nou*	nous	**-nâ** (*naa*)
antum	*a-n-toum*	vous (M)	**-tum** (*toum*)
antunna	*a-n-tou-n-na*	vous (F)	**-tunna** (*toun-na*)
hum	*houm*	ils	**-û** (*oû*)
hunna	*houn-na*	elles	**-na**

Nous avons précisé dans ce tableau la nature des voyelles qui précèdent les différents pronoms suffixes. Vous aurez remarqué que le plus souvent, il y a un **sukûn**, c'est-à-dire qu'il n'y a pas de voyelle. Ainsi « j'ai écrit » se dit **katabtu** : il n'y a pas de voyelle entre la dernière consonne du verbe (**b**) et le pronom suffixe **-tu**.

À chaque fois que vous voudrez conjuguer un verbe au passé, utilisez ces suffixes en fonction du pronom personnel correspondant.

À ce stade, vous devez savoir que les verbes ne sont pas tous composés de trois consonnes :

- **tafarraja** (*tafar-raja* ; « regarder » au passé)
- **takallama** (*takal-lama* ; « parler » au passé)

Le principe de conjugaison reste le même que pour les verbes trilitères (c'est-à-dire composés de trois consonnes) : on suffixe des pronoms à la forme « nue », celle qui correspond à la 3e personne du masculin singulier (il).

Prenons le verbe **takallama** (parler) et conjuguons-le au passé :

Arabe	Prononciation	Français
takallamtu	*takal-lam-tou*	J'ai parlé
takallamta	*takal-lam-ta*	Tu as parlé (M)
takallamti	*takal-lam-ti*	Tu as parlé (F)
takallama	*takal-lama*	Il a parlé
takallamat	*takal-lama-t*	Elle a parlé
takallamtumâ	*takal-lam-toumaa*	Vous avez parlé (D ; M/F)
takallamâ	*takal-la-maa*	Ils ont parlé (D)
takallamatâ	*takal-lamataa*	Elles ont parlé (D)
takallamnâ	*takal-lam-naa*	Nous avons parlé
takallamtum	*takal-lam-toum*	Vous avez parlé (M)
takallamtunna	*takal-lam-toun-na*	Vous avez parlé (F)
takallamû	*takal-lamoû*	Ils ont parlé
takallamna	*takal-lam-na*	Elles ont parlé

Une fois que vous saurez conjuguer les verbes au passé, vos possibilités d'expression seront illimitées. Voici quelques phrases simples avec un verbe au passé :

- **dhahaba al-walad ilâ al-madrasa** (*dha-haba l-walad ilaa l-mad-ra-sa* ; le garçon est allé à l'école).
- **takallamat al-bint ma 'a al-mudîr** (*takal-lama-t l-bi-n-t ma 'a l-moudii-r* ; la fille a parlé avec le directeur).
- **akalnâ wajba ladhîdha** (*akal-naa waj-ba ladhii-dha* ; nous avons mangé un repas délicieux).
- **dhahaba ar-rajul ilâ al-jâmi 'a bi-s-sayyâra** (*dha-haba r-rajoul ilaa l-jaa-mi- 'a bi-s-say-yaa-ra* ; l'homme est allé à l'université en voiture).

Vivre le présent

Conjuguer les verbes au passé est relativement simple, mais les conjuguer au présent de l'indicatif est un peu plus difficile. Cette fois, ce n'est pas seulement la fin du mot qui change, mais aussi le début. En d'autres termes, il vous faudra connaître non seulement les suffixes, mais aussi les préfixes correspondant à chaque personne. Pour illustrer la différence entre le passé et le présent, prenons le verbe **kataba** (« écrire » au passé), qui devient **yaktubu** (*yak-tou-bou* ; écrire), et le verbe **darasa** (« étudier » au passé), qui devient **yadrusu** (*yad-rou-sou* ; étudier).

Voici le verbe **yaktub** (écrire) conjugué au présent de l'indicatif (inaccompli) à toutes les personnes : observez bien les différents préfixes et suffixes.

Arabe	Prononciation	Français
aktubu	*ak-tou-bou*	J'écris
taktubu	*tak-tou-bou*	Tu écris (M)
taktubîna	*tak-toubii-na*	Tu écris (F)
yaktubu	*yak-toubou*	Il écrit
taktubu	*tak-toubou*	Elle écrit
taktubâni	*tak-toubaa-ni*	Vous écrivez (D ; M/F)
yaktubâni	*yak-toubaa-ni*	Ils écrivent (D)
taktubâni	*tak-toubaa-ni*	Elles écrivent (D)
naktubu	*nak-toubou*	Nous écrivons
taktubûna	*tak-touboû-na*	Vous écrivez (M)
taktubna	*tak-toub-na*	Vous écrivez (F)
yaktubûna	*yak-touboû-na*	Ils écrivent
yaktubna	*yak-toub-na*	Elles écrivent

Comme vous pouvez le voir, pour pouvoir conjuguer un verbe au présent, il importe de se familiariser à la fois avec les préfixes et les suffixes. Le tableau 2.9 présente l'ensemble de ces préfixes et suffixes en indiquant à quelle personne ils correspondent.

TABLEAU 2.9 : Préfixes et suffixes pour les verbes au présent de l'indicatif (inaccompli)

Pronom arabe	Français	Préfixe	Suffixe
anâ	je/moi	**'**	
anta	tu/toi (M)	**t**	
anti	tu/toi (F)	**t**	**îna**
huwa	il	**y**	
hiya	elle	**t**	
antumâ	vous (D ; M/F)	**t**	**âni**
humâ	ils (D)	**y**	**âni**

Pronom arabe	Français	Préfixe	Suffixe
humâ	elles (D)	**t**	**âni**
nanu	nous	**n**	
antum	vous (M)	**t**	**oûna**
antunna	vous (F)	**t**	**na**
hum	ils	**y**	**oûna**
hunna	elles	**y**	**na**

ATTENTION !

Si vous observez attentivement le tableau de conjugaison du verbe **yaktub**, vous remarquerez que toutes les formes qui n'ont pas de suffixe se terminent par la voyelle **ou**. C'est que, pour les formes à suffixe, la lettre **nûn** sert à marquer l'indicatif (sauf pour le féminin pluriel, vous (F) et elles, qui ne possède pas de marqueur d'indicatif). Pour les formes qui ont seulement un préfixe, et pas de suffixe, c'est – vous vous en doutez – cette **Damma** (« ou ») qui marque le mode indicatif.

Pour passer au mode subjonctif, il suffira de remplacer la **Damma** par une **fatHa** (« a ») pour les formes sans suffixe, et de supprimer la lettre **nûn** pour les formes suffixées, à l'exception des formes du féminin pluriel (vous (F) et elles).

Les formes qui se terminent à l'indicatif par **ûna** (vous (M) et ils), se transforment au subjonctif en **û**. La lettre **alif** est purement orthographique, elle ne se prononce pas. Vous n'avez pas à vous en soucier en dehors de l'écriture.

On l'utilise après la particule **an** (*a-n* ; que), après les particules qui signifient « pour que », comme **li**, ou **kay**, et également pour la négation dans le futur, précédé de **lan**. Exemple : **lan taktuba** (*la-n tak-touba* ; tu n'écriras pas).

Voici le verbe **yaktub** (écrire) conjugué au **subjonctif** à toutes les personnes : observez bien les différents préfixes et suffixes.

Arabe	Prononciation	Français
an aktuba	*a-n ak-tou-ba*	que j'écrive
an taktuba	*a-n tak-tou-ba*	que tu écrives (M)
an taktubî	*a-n tak-toubii*	que tu écrives (F)
an yaktuba	*a-n yak-touba*	qu'il écrive
an taktuba	*a-n tak-touba*	qu'elle écrive
an taktubâ	*a-n tak-toubaa*	que vous écriviez (D ; M/F)
an yaktubâ	*a-n yak-toubaa*	qu'ils écrivent (D)
an taktubâ	*a-n tak-toubaa*	qu'elles écrivent (D)
an naktuba	*a-n nak-touba*	que nous écrivions
an taktubû	*a-n tak-touboû*	que vous écriviez (M)
an taktubna	*a-n tak-toub-na*	que vous écriviez (F)
an yaktubû	*a-n yak-touboû*	qu'ils écrivent
an yaktubna	*a-n yak-toub-na*	qu'elles écrivent

Il existe un troisième mode en arabe, appelé l'*apocopé*, très lié à la notion de virtualité. Les formes avec suffixe sont identiques à celles du subjonctif, et les formes sans suffixe se terminent par un **sukûn**, à la place du « a » du subjonctif.

À RETENIR

Les verbes dits « simples » et trilitères, c'est-à-dire dont la base, composée de trois consonnes, n'a été augmentée d'aucune autre consonne, se divisent en trois catégories :

1- les verbes dont la voyelle de la 2e consonne au présent est « ou » (*Damma*) :

- **yaktub** (*yak-toub* ; écrire)
- **yadrus** (*yad-rous* ; étudier)
- **ya'kul** (*ya'-koul* ; manger)
- **yaskun** (*yas-kou-n* ; vivre)

2- les verbes dont la voyelle de la 2e consonne au présent est « a » (*fatHa*) :

- **yaf 'al** (*yaf- 'al* ; faire)
- **yaqra'** (*yaq-ra-'* ; lire)
- **yadhhab** (*yadh-hab* ; aller)
- **yaftaH** (*yaf-taH* ; ouvrir)

3- les verbes dont la voyelle de la 2e consonne au présent est « i » (*kasra*) :

- **yarji '** (*yar-ji- '* ; retourner)
- **ya'rif** (*ya '-rif* ; savoir)
- **yajlis** (*yaj-li-s* ; s'asseoir)
- **yaHmil** (*yaH-mil* ; porter)

À RETENIR

Pour conjuguer un verbe au présent de l'indicatif (inaccompli, action inachevée), vous devez greffer à la base du verbe les préfixes et les suffixes correspondant aux différents pronoms personnels.

Miser sur le futur

En arabe, le futur est plutôt facile : il suffit de partir du présent et d'ajouter au verbe le préfixe **sa-**. Ainsi, par exemple, sachant que **yaktubu** signifie « il écrit », **sayaktubu** voudra dire « il écrira ».

Voici le verbe **yaktubu** conjugué au futur :

Arabe	Prononciation	Français
sa'aktubu	*sa-ak-toubou*	J'écrirai
sataktubu	*satak-toubou*	Tu écriras (M)
sataktubîna	*satak-toubii-na*	Tu écriras (F)
sayaktubu	*sayak-toubou*	Il écrira
sataktubu	*satak-toubou*	Elle écrira
sataktubâni	*satak-toubaa-ni*	Vous écrirez (D ; M/F)
sayaktubâni	*sayak-toubaa-ni*	Ils écriront (D)
sataktubâni	*satak-toubaa-ni*	Elles écriront (D)
sanaktubu	*sanak-toubou*	Nous écrirons
sataktubûna	*satak-touboû-na*	Vous écrirez (M)
sataktubna	*satak-toub-na*	Vous écrirez (F)
sayaktubûna	*sayak-touboû-na*	Ils écriront
sayaktubna	*sayak-toub-na*	Elles écriront

TRUC

On peut se passer du préfixe **sa-** lorsque la phrase contient un adverbe ou une locution renvoyant à un temps futur (demain, tout à l'heure, en fin de journée...). La forme du « présent » dans ce cas suffit ; on comprend que vous parlez de quelque chose qui aura lieu dans le futur... car n'oublions pas que le « présent » désigne en réalité en arabe l'inaccompli, ce qui ne s'est pas encore achevé.

Exemple : **ghadan adhhabu ilâ al-jâmi 'a** (*ghada-n adh-habou ilaa l-jaami -'a* ; demain, j'irai à l'université).

Les verbes irréguliers

Il y a en arabe des verbes réguliers et des verbes irréguliers. Ce qui provoque l'irrégularité est la présence de

alif, **yâ'** ou **wâw** dans la racine du verbe. Les grammairiens arabes parlent d'ailleurs des trois *lettres malades*. Des verbes très usités, comme « acheter », « vendre », « donner », sont irréguliers : c'est pourquoi il convient de les étudier.

Prenons par exemple le verbe « vendre », dont la forme au passé est **bâ 'a** (*baa- 'a* ; vendre). Dans la conjugaison qui suit, vous remarquerez que la lettre **alif** disparaît lorsque la lettre **'ayn** du verbe porte un **sukûn**.

Arabe	Prononciation	Français
bi 'tu	**bi- '-tou**	J'ai vendu
bi 'ta	**bi- '-ta**	Tu as vendu (M)
bi 'ti	**bi- '-ti**	Tu as vendu (F)
bâ 'a	**baa- '-a**	Il a vendu
bâ 'at	**baa- '-a-t**	Elle a vendu
bi 'tumâ	**bi- '-toumaa**	Vous avez vendu (D ; M/F)
bâ 'â	**baa- '-aa**	Ils ont vendu (D)
bâ 'atâ	**baa- 'ataa**	Elles ont vendu (D)
bi 'nâ	**bi- '-naa**	Nous avons vendu
bi 'tum	**bi- '-toum**	Vous avez vendu (M)
bi 'tunna	**bi- '-toun-na**	Vous avez vendu (F)
bâ 'û	**baa- 'oû**	Ils ont vendu
bi 'na	**bi- '-na**	Elles ont vendu

Pour conjuguer le verbe **bâ'a** au présent, utilisez la forme **yabî 'u** (*yabii- 'ou* ; vendre).

Arabe	Prononciation	Français
abî 'u	abii- 'ou	Je vends
tabî 'u	tabii- 'ou	Tu vends (M)
tabî 'îna	tabii- 'ii-na	Tu vends (F)
yabî 'u	yabii- 'ou	Il vend
tabî 'u	tabii- 'ou	Elle vend
tabî 'âni	tabii- 'aa-ni	Vous vendez (D ; M/F)
yabî 'âni	yabii- 'aa-ni	Ils vendent (D)
tabî 'âni	tabii- 'aa-ni	Elles vendent (D)
nabî 'u	nabii- 'ou	Nous vendons
tabî 'ûna	tabii- 'oû-na	Vous vendez (M)
tabi 'na	tabi- '-na	Vous vendez (F)
yabî 'ûna	yabii- 'oû-na	Ils vendent
yabi 'na	yabi- '-na	Elles vendent

Au futur, il suffit d'ajouter le préfixe **sa-** à la forme du présent : on obtient **sayabî 'u** (*sayabii- 'ou* ; il vendra).

Arabe	Prononciation	Français
saabî 'u	*sa- 'abii- 'ou*	Je vends
satabî 'u	*satabii- 'ou*	Tu vends (M)
satabî 'îna	*satabii- 'ii-na*	Tu vends (F)
sayabî 'u	*sayabii- 'ou*	Il vend
satabî 'u	*satabii- 'ou*	Elle vend
satabî 'âni	*satabii- 'aa-ni*	Vous vendez (D ; M/F)
sayabî 'âni	*sayabii- 'aa-ni*	Ils vendent (D)
satabî 'âni	*satabii- 'aa-ni*	Elles vendent (D)
sanabî 'u	*sanabii- 'ou*	Nous vendons
satabî 'ûna	*satabii- 'oû-na*	Vous vendez (M)
satabi 'na	*satabi- '-na*	Vous vendez (F)
sayabî 'ûna	*sayabii- 'oû-na*	Ils vendent
sayabi 'na	*sayabi- '-na*	Elles vendent

Voici encore quelques verbes irréguliers courants :

- **waSala/yaSilu** (*wa-Sala/ya-Silou* ; arriver)
- **zâra/yazûru** (*zaa-ra/ya-zoû-rou* ; visiter)
- **machâ/yamchî** (*ma-chaa/yam-chii* ; marcher)
- **ichtarâ/yachtarî** (*ich-ta-raa/yach-ta-rii* ; acheter)
- **jâ'a/yajî'u** (*jaa-a/ya-jii-ou* ; venir)
- **ra'â/yarâ** (*ra-aa/ya-raa* ; voir)
- **a 'Tâ/yu 'Tî** (*a- '-Taa/you- '-Tii* ; donner)
- **ajâba/yujîbu** (*ajaa-ba/youjii-bou* ; répondre)

Comment dire oui et non ? Affirmation et négation

Apprenez avant toute chose à savoir dire « oui » : **na'am** ... et « non » : **lâ** !

Il suffit de faire précéder les phrases affirmatives par le mot : **na'am** pour montrer combien vous êtes d'accord ou sûr de votre choix.

Exemple : **na'am, yajibu an nadhhaba ilâ al-Suwayra** (*na'am, yajibou a-n nadh-haba ilaa S-Souway-ra* ; oui, il faut que nous allions à Essaouira).

Sachez d'autre part que la négation d'une phrase verbale, dire « ne ... pas », peut se faire de différentes façons, cela dépend de la perspective temporelle dans laquelle on se place :

- Pour nier un événement dans le futur, dire que quelque chose n'aura pas lieu, il faut utiliser la particule **lan** et mettre le verbe au subjonctif.

Exemple : **lan yadhhabû ilâ Tanja** (*la-n yadh-haboû ilaa Tan-ja* ; ils n'iront pas à Tanger).

» Pour nier un événement au présent, dire que quelque chose n'a pas lieu, on utilise la particule **lâ**, suivie du présent de l'indicatif.

Exemple : **lâ yadhhabûna ilâ Tanja** (*laa yadh-haboûna ilaa Tan-ja* ; ils ne vont pas à Tanger).

» Pour nier un événement au passé, dire qu'il n'a pas eu lieu, on utilise soit la particule **mâ**, suivie d'un verbe au passé, soit la particule **lam**, suivie d'un verbe au mode apocopé.

Exemple : **mâ dhahabû ilâ Tanja** (*maa dha-haboû ilaa Tan-ja*)
ou **lam yadhhabû ilâ Tanja** (*lam yadh-haboû ilaa Tan-ja* ; ils ne sont pas allés à Tanger).

À RETENIR

Pour les phrases nominales, on passe de la forme affirmative à la forme négative comme suit :

» **na'am, anâ îrîk** (*na'am, 'anaa 'i-rii-k* ; oui, je suis Éric).

» **lâ, lastu îrîk** (*laa, las-tou 'i-rii-k* ; non, je ne suis pas Éric).

(Vous trouverez d'autres exemples de ce type de constructions aux paragraphes précédents intitulés « Les pronoms personels “isolés” » et « Dire ce que l'on “n'est pas” ».)

Chapitre 3

Organiser son voyage

DANS CE CHAPITRE :

- » **Monter au ciel !**
- » **Prendre des taxis, des autobus et des trains**
- » **Préparer un voyage**

Que ce soit pour faire le tour du pâté de maisons, le tour de la ville ou le tour du monde, vous pouvez toujours choisir votre moyen de **naql** (*naq-l* ; transport). Il importe de faire le bon choix, surtout si vous voyagez à l'étranger. Les moyens de transport ne sont pas toujours les mêmes d'une région du monde à une autre et d'un pays à un autre, et mieux vaut être averti des différences subtiles entre les moyens de locomotion auxquels vous êtes habitué et ceux que vous allez découvrir.

Dans ce chapitre, vous allez apprendre à vous servir de la langue arabe non seulement pour utiliser différents moyens de transport, mais aussi pour vous débrouiller dans une grande ville du Moyen-Orient et pour voyager.

Prendre l'avion

La **Tâ'ira** (*Taa-'i-ra* ; avion) est sans doute le meilleur moyen de **naql** pour parcourir de grandes distances en un laps de temps réduit. Pour vous rendre dans un pays arabe, vous prendrez probablement une **Tâ'ira**.

Les réservations

Pour prendre l'avion, vous devez tout d'abord effectuer un **Hajz** (*Haj-z* ; réservation) et acheter une **biTâqa** (*biTaa-qa* ; billet). Vous achèterez votre **biTâqa** auprès de votre **wikâlat safar** (*wikaa-la-t safar* ; agence de voyages), ou bien, vous l'achèterez en ligne. Dans une bonne **wikâlat safar**, le service est plus personnalisé, mais peut-être pourrez-vous obtenir un billet à des conditions plus intéressantes en achetant en ligne. Si vous n'êtes pas encore sûr de votre destination, le **wakîl** (*wakii-l* ; agent) de votre **wikâlat safar** pourra vous conseiller. Au contraire, si vous savez précisément ce que vous voulez, l'achat en ligne sera peut-être le système le plus approprié.

TRUC

Si vous achetez en ligne, prenez garde d'utiliser un site fiable. Autrement, vous risqueriez de vous faire rouler. Personnellement, j'aurais tendance à recommander les comparateurs de prix.

Je voyage, tu voyages...

GRAMMAIRE

S'il est un verbe que vous devez maîtriser lors de vos déplacements, c'est bien le verbe **sâfara** (*saa-fara*), qui signifie « voyager ». Le verbe **sâfara** se conjugue au **mâDî** (passé, accompli) et au **muDâri'** (présent, inaccompli) de la même manière que la plupart des autres verbes réguliers. Voici le verbe **sâfara** au **mâDî** :

Forme	Prononciation	Français
sâfartu	*saa-far-tou*	J'ai voyagé
sâfarta	*saa-far-ta*	Tu as voyagé (M)
sâfarti	*saa-far-ti*	Tu as voyagé (F)

sâfara	*saa-fara*	Il a voyagé
sâfarat	*saa-fara-t*	Elle a voyagé
sâfartumâ	*saa-far-toumaa*	Vous avez voyagé (D)
sâfarâ	*saa-faraa*	Ils ont voyagé (D)
sâfarnâ	*saa-far-naa*	Nous avons voyagé
sâfaratâ	*saafarataa*	Elles ont voyagé (D)
sâfartum	*saa-far-toum*	Vous avez voyagé (M)
sâfartunna	*saa-far-toun-na*	Vous avez voyagé (F)
sâfarû	*saa-fa-roû*	Ils ont voyagé
sâfarna	*saa-far-na*	Elles ont voyagé

Mots clés

'uTla	*'ouT-la*	vacances
biTâqa	*biTaa-qa*	billet
biTâqatâni	*biTaa-qataa-ni*	2 billets (CS)
biTâqatayni	*biTaa-qatay-ni*	2 billets (CD ou I)
biTâqât	*biTaa-qaa-t*	billets (3 et plus)
maq'ad	*maq-'ad*	siège
maqâ'id	*maqaa-'id*	sièges (3 et plus)
min nâHiyat al-mamarr	*mi-n naa-Hiya-ti l-mamar-r*	côté couloir
min nâHiyat al-nâfidha	*mi-n naa-Hiya-ti n-naa-fidha*	côté hublot
riHla	*riH-la*	trajet
safar	*safar*	voyage
musâfir	*mou-saa-fir*	voyageur
musâfira	*mou-saa-fi-ra*	voyageuse
musâfirûn	*mou-saa-fi-roû-n*	voyageurs
musâfirât	*mou-saa-firaa-t*	voyageuses

Pour conjuguer le verbe « voyager » au **muDâri'**, vous vous baserez sur **yusâfiru** :

Forme	Prononciation	Français
usâfiru	*ou-saa-firou*	Je voyage
tusâfiru	*tou-saa-firou*	Tu voyages (M)
tusâfirîna	*tou-saa-firii-na*	Tu voyages (F)
yusâfiru	*you-saa-fi-rou*	Il voyage
tusâfiru	*tou-saa-firou*	Elle voyage
tusâfirâni	*tou-saa-firaa-ni*	Vous voyagez (D)
yusâfirâni	*you-saa-firaa-ni*	Ils voyagent (D)
tusâfirâni	*tou-saa-firaa-ni*	Elles voyagent (D)
nusâfiru	*nou-saa-firou*	Nous voyageons
tusâfirûna	*tou-saa-firoû-na*	Vous voyagez (M)
tusâfirna	*tou-saa-fir-na*	Vous voyagez (F)
yusâfirûna	*you-saa-fi-roû-na*	Ils voyagent
yusâfirna	*you-saa-fir-na*	Elles voyagent

Les formalités à l'aéroport

Muni de votre **biTâqa**, vous n'avez plus qu'à vous rendre au **maTâr** (*maTaa-r* ; aéroport) pour prendre votre **Tâ'ira**. Cependant, avant de pouvoir monter dans la **Tâ'ira**, vous allez devoir accomplir quelques formalités. Vous devrez tout d'abord présenter votre **jawâz al-safar** (*jawaa-z s-safar* ; passeport) et votre **biTâqa** au bureau de **tasjîl** (*tas-jii-l* ; enregistrement) de l'aéroport. Ensuite, vous devrez répondre à quelques **as'ila** (*as-ila* ; questions) sur votre **safar** et sur vos **amti'a** (*am-ti-'a* ; bagages).

Mots clés

amti'a	*am-ti-'a*	bagages
Haqîba	*Haqii-ba*	valise
Haqîbatâni	*Haqii-bataa-ni*	deux valises (CS)
Haqîbatayni	*Haqii-batay-ni*	deux valises (CD ou I)
Haqâ'ib	*Haqaa-ib*	valises (3 ou plus)
miHfaZa	*miH-faZa*	mallette
miHfaZatâni	*miH-faZataa-ni*	deux mallettes (CS)
miHfaZatayni	*miH-faZatay-ni*	deux mallettes (CD ou I)
miHfaZât	*miH-faZaa-t*	mallettes (3 ou plus)
sajjala/yu-sajjilu	*saj-jala/you-saj-ji-lou*	enregistrer
ma'-î	*ma'-ii*	avec moi
naZZama/ yunaZZimu	*naZ-Za-ma/you-naZ-Zimou*	organiser
chakhS	*chakh-S*	personne
âkhar	*aa-khar*	autre
nafsî	*naf-sii*	moi-même
ta'chîra	*ta'-chii-ra*	visa
bâb	*baa-b*	porte

Embarquement immédiat !

Vous voilà sur le point de monter dans la **Tâ'ira**. Une fois que vous avez enregistré vos **amti'a** et que vous avez présenté votre **biTâqa** et votre **jawâz al-safar** à l'employé de la compagnie aérienne, suivez bien toutes les **ta'lîmât** (*ta'-lii-maa-t* ; instructions). Restez dans la **Saff** (*Saf-f* ; file) avec les autres **rukkâb** (*rouk-kaa-b* ; passagers), et faites ce que l'on vous dit par haut-parleur.

Au moment de franchir le **bâb** (*baa-b* ; porte) d'embarquement et de monter dans la **Tâ'ira**, vous allez présenter votre **biTâqa** au **muDîf** (*mouDii-f* ; steward), qui vous indiquera votre **maq'ad** (*maq-'ad* ; siège). Les mots qui suivent pourront vous être utiles :

- **râkib** (*raa-kib* ; passager)
- **rukkâb** (*rouk-kaa-b* ; passagers)
- **muDîf** (*mouDii-f* ; steward)
- **muDîfa** (*mouDii-fa* ; hôtesse de l'air)
- **Tayyâr** (*Tay-yaa-r* ; pilote) (M)
- **Hujrat al-qiyâda** (*Houj-ra-t l-qiyaa-da* ; cockpit)
- **mirHâd** (*mir-Haa-d* ; toilettes)
- **mirHâD machghûl** (*mir-Haa-d mach-ghoû-l* ; toilettes occupées)
- **maqSûra amâmiyya** (*maq-Soû-ra amaa-miy-ya* ; compartiment avant)
- **daraja ûlâ** (*daraja oû-laa* ; première classe)
- **darajat a'mâl** (*daraja-t a'-maa-l* ; classe affaires)
- **daraja iqtiSâdiyya** (*daraja iq-tiSaa-diy-ya* ; classe économique)
- **sur'a** (*sour-'a* ; vitesse)
- **irtifâ'** (*ir-tifaa-'* ; altitude)
- **dhahâb** (*dha-haa-b* ; départ)
- **wuSûl** (*wou-Soû-l* ; arrivée)

On arrive !

GRAMMAIRE

Un verbe utile quand on voyage est le verbe **waSala/yaSilu** (*wa-Sala/ya-Silou* ; arriver). La conjugaison du verbe **waSala** est particulière puisqu'au **mâDî**, il comporte trois consonnes, **wâw**, **Sâd**, **lâm**, alors qu'au **muDâri'**, il n'en a que deux, la première étant « tombée ».

Voici le verbe **waSala** conjugué au **mâDî** :

Forme	Prononciation	Français
waSaltu	*wa-Sal-tou*	Je suis arrivé
waSalta	*wa-Sal-ta*	Tu es arrivé
waSalti	*wa-Sal-ti*	Tu es arrivée
waSala	*wa-Sala*	Il est arrivé
waSalat	*wa-Sala-t*	Elle est arrivée
waSaltumâ	*wa-Sal-toumaa*	Vous êtes arrivés (D)
waSalâ	*wa-Salaa*	Ils sont arrivés (D)
waSalatâ	*wa-Salataa*	Elles sont arrivées (D)
waSalnâ	*wa-Sal-naa*	Nous sommes arrivés
waSaltum	*wa-Sal-toum*	Vous êtes arrivés
waSaltunna	*wa-Sal-toun-na*	Vous êtes arrivées
waSalû	*wa-Saloû*	Ils sont arrivés
waSalna	*wa-Sal-na*	Elles sont arrivées

Pour conjuguer le verbe « arriver » au **muDâri'**, vous vous baserez sur la forme **yaSilu** :

Forme	Prononciation	Français
aSilu	*a-Silou*	J'arrive
taSilu	*ta-Silou*	Tu arrives (M)
taSilîna	*ta-Silii-na*	Tu arrives (F)
yaSilu	*ya-Silou*	Il arrive

Forme	Prononciation	Français
taSilu	*ta-Si-lou*	Elle arrive
taSilâni	*ta-Silaa-ni*	Vous arrivez (D)
yaSilâni	*ya-Silaa-ni*	Ils arrivent (D)
taSilâni	*ta-Silaa-ni*	Elles arrivent (D)
naSilu	*na-Silou*	Nous arrivons
taSilûna	*ta-Siloû-na*	Vous arrivez (M)
taSilna	*ta-Sil-na*	Vous arrivez (F)
yaSilûna	*ya-Sil-oû-na*	Ils arrivent (M)
yaSilna	*ya-Sil-na*	Elles arrivent (F)

Franchir la douane

Votre **Tâ'ira** a atterri et vous voilà arrivé à destination : vous allez rencontrer les agents de la **hijra** (*hij-ra* ; immigration) et des **jamârik** (*jamaa-rik* ; douanes). Depuis quelque temps, le contrôle des **musâfirûn** (*mousaa-firoû-n* ; voyageurs) est devenu plus draconien : aussi, préparez-vous à devoir répondre à un certain nombre de **as'ila** relatives à votre **safar**. Voici les questions que les agents de la **hijra** ou des **jamârik** vous poseront sans doute :

- **mâ ismu-k ?** (*maa s-mou-k* ; quel est votre nom ?)
- **kam 'umru-k ?** (*ka-m 'oum-rou-k* ; quel est votre âge ?)
- **ayna taskun ?** (*ay-na tas-koun* ; où habitez-vous ?)
- **mâ hiya mihnatu-k ?** (*maa hiya mih-natou-k* ; quelle est votre profession ?)
- **kam muddat iqâmati-k ?** (*ka-m moud-dat iqaa-mati-k* ; combien de temps dure votre séjour ?)
- **mâ huwa hadaf safari-k ?** (*maa houwa hadaf safari-k* ; quel est l'objet de votre voyage ?)

» **ayna sataskun khilâl iqâmati-k ?** (*ay-na sa-ta-s-kou-n khilaa-l iqaa-mati-k* ; où allez-vous habiter pendant votre séjour ?)

» **hal tusâfir bi-waHdi-k ?** (*hal tou-saa-fir bi-waH-di-k* ; voyagez-vous seul ?)

Mots clés

jinsiyya	*ji-n-siy-ya*	nationalité
târîkh al-wilâda	*taa-rii-kh l-wilaa-da*	date de naissance
târîkh al-mîlâd	*taa-rii-kh l-mii-laa-d*	date de naissance
'îd al-mîlâd	*'ii-d l-mii-laa-d*	anniversaire
hadaf	*ha-daf*	objet/but
târîkh	*taa-rii-kh*	date
khurûj	*khou-roû-j*	sortie
dukhûl	*dou-khoû-l*	entrée
siyâHa	*siyaa-Ha*	tourisme
sâ'iH	*saa-'iH*	touriste (M)
sâ'iHa	*saa-'iHa*	touriste (F)
muhâjir	*mou-haa-jir*	immigrant
muhâjira	*mou-haa-jira*	immigrante
muhâjirûn	*mou-haa-jiroû-n*	immigrants
muhâjirât	*mou-haa-jiraa-t*	immigrantes

CULTURE

Avant de vous rendre dans un pays musulman, renseignez-vous auprès de votre agent de voyages ou de l'ambassade de ce pays sur les éventuelles interdictions particulières. Ainsi, si vous vous rendez en Arabie Saoudite, vous n'aurez pas le droit d'y apporter de l'alcool ; et si vous êtes une femme, vous devrez vous couvrir d'un **Hijâb** (*Hi-jaa-b* ; voile) pour être en règle avec les lois religieuses du pays. Mieux vaut être averti de la législation avant d'avoir affaire au personnel de la **hijra** ou des **jamârik**.

Une fois franchie la **hijra**, vous êtes sans doute impatient de quitter le **maTâr** pour aller découvrir les merveilles d'un pays que vous ne connaissiez pas encore ! Il vous reste à récupérer vos **amti'a**. Vous pouvez demander un **Hammâl** (*Ham-maa-l* ; bagagiste/porteur).

Avant de quitter le **maTâr**, il vous faut encore franchir le **jumruk** (*ju-mruk* ; douane). Voici ce que vous pourrez dire aux agents du **jumruk** :

- **lâ chay' li al-i'lân** (*laa chay-' li -l-i'-laa-n* ; rien à déclarer).
- **'ind-î chay' li al-i'lân** (*'i-n-d-ii chay-' li-l-i'-laa-n* ; j'ai quelque chose à déclarer).

TRUC

N'oubliez pas de vous renseigner au préalable sur les restrictions et sur les éventuels produits interdits, lorsque vous pénétrez dans un pays ou lorsque vous le quittez. Autrement, vous risqueriez d'être en infraction. Sachez aussi qu'il existe parfois une limite au montant d'argent en espèces que vous pouvez avoir sur vous. Ne risquez pas d'être pris au dépourvu.

Mots clés

i'lân	*i'-laa-n*	déclarer/déclaration
dâkhil	*daa-khil*	à l'intérieur de
khârij	*khaa-rij*	à l'extérieur de
iftaH	*if-taH*	ouvre ! (impératif)

Choisir sa destination

Vous, je ne sais pas, mais moi, j'adore voyager. J'aime visiter des endroits que je ne connaissais pas, rencontrer des gens de divers horizons et découvrir de nouvelles cultures. Dans les pages qui suivent, vous trouverez tout ce que vous avez besoin de savoir sur la façon de prévoir, d'organiser et d'effectuer un **riHla** (*riH-la* ; voyage) – tout cela en arabe, bien sûr.

Si vous décidez de partir, encore vous faut-il savoir **ayna** (*ay-na* ; où). Pour avoir des **afkâr** (*af-kaa-r* ; idées) de **wujhât** (*wouj-haa-t* ; destinations), vous pouvez vous rendre dans une **wikâlat safar** (*wikaa-la-t safar* ; agence de voyages). Le tableau suivant vous donne le nom arabe d'un certain nombre de destinations à choisir.

TABLEAU 3.1 : Noms des pays

Arabe	Prononciation	Français
al-maghrib	*al-magh-rib*	Maroc
al-jazâ'ir	*al-jazaa-'ir*	Algérie
tûnis	*toû-ni-s*	Tunisie
lîbyâ	*lii-b-yaa*	Libye
miSr	*mi-S-r*	Égypte
isrâ'îl	*is-raa-'ii-l*	Israël
filasTîn	*fila-s-Tii-n*	Palestine
lubnân	*loub-naa-n*	Liban
urdun	*our-dou-n*	Jordanie
sûriya	*soû-riya*	Syrie
Sa'ûdiyya	*sa-'oû-diy-ya*	Arabie Saoudite
kuwayt	*kouway-t*	Koweït

Arabe	Prononciation	Français
baHrayn	*baH-ray-n*	Bahrein
qaTar	*qaTar*	Qatar
imârât 'arabiyya muttaHida	*imaa-raa-t 'arabiy-ya mout-taHida*	Émirats arabes unis
yaman	*yama-n*	Yémen
'umân	*'oumaa-n*	Oman
irân	*i-raa-n*	Iran
amrîkâ	*am-rii-kaa*	Amérique
al-wilâyât al-mutta-Hida	*al-wilaa-yaa-t l-mout-ta-Hida*	États-Unis
kanadâ	*kanadaa*	Canada
miksîk	*mik-sii-k*	Mexique
brâzîl	*braa-zii-l*	Brésil
firansâ	*fira-n-saa*	France
isbânyâ	*is-baa-nyaa*	Espagne
îTâlyâ	*ii-Taa-lyaa*	Italie
almânyâ	*al-maa-nyaa*	Allemagne
arjantînâ	*ar-ja-n-tii-naa*	Argentine
yâbân	*yaa-baa-n*	Japon
Sîn	*Sii-n*	Chine
kûryâ	*koû-ryaa*	Corée
hind	*hi-n-d*	Inde
bâkisistân	*baa-kis-is-taa-n*	Pakistan

Voici les **as'ila** (*as-i-la* ; questions) que vous poserez sans doute pour pouvoir choisir votre **wujha** :

» **kayfa al-Taqs fî hâdhâ al-balad ?** (*kay-fa T-Taq-s fii haa-dhaa l-balad* ; comment est le climat dans ce pays ?)

- **kayfa al-Taqs fî hâdhihi al-fatra min al-sana ?** (*kay-fa T-Taq-s fii haa-dhi-hi l-fat-ra mi-na s-sana* ; quel temps fait-il à cette époque de l'année ?)
- **hal hunâka al-kathîr min al-suyyâH ?** (*hal hounaa-ka l-kathii-r mi-na s-souy-yaa-H* ; y a-t-il beaucoup de touristes ?)
- **hal hâdhâ al-makân munâsib li usra ma'a awlâd ?** (*hal haa-dhaa l-makaa-n mounaa-sib li-ous-ra ma-'a aw-laa-d* ; cet endroit convient-il à une famille avec des enfants ?)
- **hal hunâka tasliyât li al-aTfâl ?** (*hal hounaa-ka tas-liyaa-t li-l-aT-faa-l* ; y a-t-il des distractions pour les enfants ?)
- **hal al-madîna naqiyya ?** (*hal al-madii-na naqiy-ya* ; la ville est-elle propre ?)
- **hal hâdhâ al-Hayy qarîb min wasaT al-madîna ?** (*hal haa-dhaa- l-Hay-y qarii-b mi-n wa-sa-T l-madii-na* ; ce quartier est-il proche du centre-ville ?)
- **fî ayy sâ'a tuchriqu al-chams ?** (*fii ay-y saa-'a touch-riqou ch-cha-m-s* ; quand le soleil se lève-t-il ?)
- **fî ayy sâ'a ghurûb al-chams ?** (*fii ay-y saa-'a ghouroû-b ch-cha-m-s* ; à quelle heure le soleil se couche-t-il ?)
- **hal al-châTi' qarîb min al-funduq ?** (*hal ch-chaa-Ti-' qarii-b mi-na l-foun-douq* ; la plage est-elle près de l'hôtel ?)
- **hal hunâka matHaf fî al-madîna ?** (*hal hou-naaka mat-Haf fii l-madii-na* ; y a-t-il un musée dans la ville ?)

Mots clés

zawj	*zaw-j*	mari
zawja	*zaw-ja*	épouse
fikra	*fik-ra*	idée
naSaHa/yanSaHu	*na-SaHa/ya-n-SaHou*	conseiller
Hârr	*Haa-r-r*	chaud
bârid	*baa-rid*	froid
makân	*makaa-n*	endroit
afDal	*af-Dal*	préférable
ziyâra	*ziyaa-ra*	visite
zâra/yazûru	*zaa-ra/yazoû-rou*	visiter
madîna	*madii-na*	ville
mudun	*mou-doun*	villes
châTi'	*chaa-Ti'*	plage
muHîT	*mouHii-T*	océan
sibâHa	*sibaa-Ha*	natation
sabaHa/yas-baHu	*sabaHa/yas-baHou*	nager
jabal	*jabal*	montagne
jibâl	*jibaa-l*	montagnes
thalj	*thal-j*	neige
tazaHluq	*tazaH-louq*	skier, ski
chamâl	*chamaa-l*	nord
janûb	*janoû-b*	sud
gharb	*ghar-b*	ouest
charq	*char-q*	est

Choisir le bon moment

Le moment du voyage doit être choisi avec soin. Si, par exemple, vous voulez faire du ski, il faut qu'il y ait suffisamment de neige à la montagne, au moment où vous y serez. Pour une destination dans les pays arabes, vous devez aussi étudier avec soin le calendrier. Le moment du ramadan, par exemple, serait certainement un mauvais choix.

Les mois de l'année

Consultez le **taqwîm** (*taq-wii-m* ; calendrier) et choisissez le **chahr** (*chah-r* ; mois) le plus opportun, non seulement par rapport à vos projets mais aussi par rapport au **balad** (*balad* ; pays) à visiter. Le tableau suivant présente les mois en arabe.

TABLEAU 3.2 : Les mois en arabe

Arabe	Prononciation	Français
yanâyir	*yanaa-yir*	janvier
fibrâyir	*fib-raa-yir*	février
mârs	*maa-r-s*	mars
abrîl	*abrii-l*	avril
mây	*maa-y*	mai
yûnyû	*yoû-n-yoû*	juin
yûlyû	*yoû-l-yoû*	juillet
aghusTus	*aghou-s-Tou-s*	août
sibtambir	*sib-ta-m-bir*	septembre
uktûbar	*ouk-toû-bar*	octobre
nûfambar	*noû-fa-m-bar*	novembre
disambir	*di-sa-m-bir*	décembre

À RETENIR

En fait, on utilise dans le monde arabe deux, voire trois calendriers. Le tableau 3.2 se base sur le calendrier grégorien, en usage en Occident. Mais les Arabes comptent les jours également à partir des calendriers syriaque et musulman. Pour connaître les mois de ces calendriers, voir le chapitre 7.

CULTURE

Dans vos déplacements, vous n'aurez besoin que du calendrier grégorien. Pour effectuer une réservation et préciser le moment de votre **riHla**, vous pourrez donc vous référer aux mois du tableau de la page précédente.

Les dates et les nombres ordinaux

Une fois que vous aurez choisi le **chahr** dans lequel vous ferez votre **riHla**, vous devrez préciser les dates de votre **riHla** en utilisant des nombres. En arabe, comme dans les autres langues, on utilise deux sortes de nombres : les nombres cardinaux et les nombres ordinaux. Les nombres cardinaux sont ceux qui vous permettent de compter : « un », « deux », « trois », etc. Les nombres ordinaux sont les adjectifs qui leur correspondent : « premier », « deuxième », « troisième », etc. En arabe, les nombres ordinaux, contrairement aux nombres cardinaux, sont du même genre que le nom dénombré.

En français, pour désigner les dates, on utilise les nombres cardinaux (« le cinq décembre », « le huit janvier », etc.), sauf lorsqu'il s'agit du premier jour du mois (« le premier janvier », etc.). En arabe, on utilise les nombres ordinaux. Le nom **chahr** étant masculin, il faut utiliser les nombres ordinaux masculins. Ainsi, par exemple, on dira **al-khâmis min chahr disambir** (*al-khaa-mi-s mi-n chah-r disa-m-bir* ; le cinq décembre), ou, plus brièvement, **al-khâmis disambir** (*al-khaa-mi-s disa-m-bir*) ; on dira encore **al-thâmin yanâyir** (*ath-thaa-mi-n yanaa-yir* ; le huit janvier). Pour plus de détails sur les nombres cardinaux et ordinaux, voir le chapitre 5.

Mots clés

dhahaba/yadh-habu	*dha-haba/yadh-ha-bou*	aller
nadhhabu	*nadh-habou*	nous allons
chahr	*chah-r*	mois (S)
ach-hur	*ach-hour*	mois (P)
nihâya	*ni-haa-ya*	fin
bidâya	*bidaa-ya*	début
wasaT	*wa-saT*	milieu
waqt	*waq-t*	temps
taraka/ yatruku	*taraka/ yat-roukou*	laisser, quitter
raja'a/yarji'u	*raja'a/yar-ji-'ou*	rentrer, revenir
'amal	*'amal*	travail
daqîqa	*daqii-qa*	minute
taqwîm	*taq-wii-m*	calendrier
ijtimâ'	*ij-timaa-'*	réunion
muhimm	*mou-him-m*	important
muhimma	*mou-him-ma*	importante
tamâm	*tamaa-m*	parfait

Faire ses bagages

Pour que votre **riHla** soit réussi, pensez à ce que vous devez emporter. Pensez tout d'abord à vos **amti'a** (*am-ti-'a* ; bagages, affaires) :

- **Haqîba** (*Haqii-ba* ; valise)
- **Haqâ-'ib** (*Haqaa-'ib* ; valises)
- **chanTa** (*cha-n-Ta* ; valise, sac)
- **chunaT** (*chounaT* ; valises, sacs)
- **miHfaZa** (*miH-faZa* ; mallette)
- **miHfaZât** (*miHfaZaa-t* ; mallettes)
- **kîs** (*kii-s* ; sac)
- **akyâs** (*ak-yaa-s* ; sacs)

Une fois que vous avez choisi vos **amti'a**, il s'agit de savoir comment les remplir. Quelle que soit votre **wujha**, vous emporterez certainement les objets suivants :

- **malâbis** (*malaa-bi-s* ; vêtements)
- **aqmiSa** (*aq-mi-Sa* ; chemises)
- **sarâwîl** (*saraa-wii-l* ; pantalons)
- **mi'Taf** (*mi'-Taf* ; manteau)
- **aHdhiya** (*aH-dhi-ya* ; chaussures)
- **aHzima** (*aH-zima* ; ceintures)
- **jawârib** (*jawaa-rib* ; chaussettes)
- **naZZârât** (*naZ-Zaa-raa-t* ; lunettes)
- **naZZârât chams** (*naZ-Zaa-raa-t cham-s* ; lunettes de soleil)
- **qubba'a** (*qoub-ba-'a* ; chapeau)

N'oubliez pas votre trousse de toilette ! Pour votre **riHla**, il vous faudra aussi :

- **furcha li-al-asnân** (*four-cha li-l- as-naa-n* ; brosse à dents)
- **ma'jûn asnân** (*ma'-joû-n as-naa-n* ; dentifrice)
- **muchT** (*mouch-T* ; peigne)
- **Sâbûn li-al-cha'r** (*Saa-boû-n li-ch-cha'-r* ; shampoing)
- **Sâbûn** (*Saa-boû-n* ; savon)
- **muzîl al-rawâ'iH** (*mouzii-l r-rawaa-'iH* ; déodorant)
- **fûTa** (*foû-Ta* ; serviette de toilette)
- **minchafa** (*mi-n-chafa* ; serviette de toilette)
- **âlat Hilâqa** (*aa-la-t Hilaa-qa* ; rasoir)
- **ma'jûn al-Hilâqa** (*ma'-joû-n l-Hilaa-qa* ; crème à raser)

Préparer la documentation

Les voyages à l'étranger, c'est toute une organisation, et c'est aussi un certain nombre de règles à respecter. Depuis quelques années, des restrictions supplémentaires sont imposées aux voyageurs, pour des raisons de sécurité. Dans cette section, vous trouverez les principaux termes dont vous pourrez avoir besoin au moment de rassembler des **wathâ'iq** (*wathaa-iq* ; documents), pour que votre **riHla** se déroule dans les meilleures conditions.

Avant de partir, pensez à disposer d'au moins une **biTâqa chakhSiyya** (*biTaa-qa chakh-Siy-ya* ; pièce d'identité) et d'un **jawâz safar** (*jawaa-z safar* ; passeport). Voici des exemples d'**awrâq** (*aw-raa-q* ; papiers) qui pourraient vous être utiles durant votre **riHla** :

- **rukhSat al-siyâqa** (*roukh-Sa-t s-siyaa-qa* ; permis de conduire)
- **biTâqat al-Damân al-ijtimâ'iyy** (*biTaa-qa-t D-Damaa-ni l-ij-timaa-'iy-y* ; carte de sécurité sociale)
- **biTâqa mihaniyya** (*biTaa-qa mi-haniy-ya* ; carte professionnelle)

Pour pouvoir vous rendre dans un certain nombre de pays, il vous faudra aussi une **ta'chîra** (*ta'-chii-ra* ; visa) imprimée sur votre **jawâz al-safar**. Pour chaque **dawla** (*daw-la* ; État, pays), en ce qui concerne les **ta'chîrât** (*ta'-chii-raa-t* ; visas), les exigences et les procédures sont différentes. À vous de savoir si la **dawla** dans laquelle vous allez vous rendre exige une **ta'chîra**, et, si oui, comment faire pour l'obtenir. Voici plusieurs types de **ta'chîrât** :

- **ta'chîra li-aT-Tullâb** (*ta'-chii-ra li-T-Toul-laa-b* ; visa étudiant)
- **ta'chîrat 'amal** (*ta'-chii-ra-t 'amal* ; visa de travail)
- **ta'chîra siyâHiyya** (*ta'-chii-ra siyaa-Hiy-ya* ; visas de tourisme)
- **ta'chîra 'â'iliyya** (*ta'-chii-ra 'aa-iliy-ya* ; visa familial)

Pour savoir quel **naw'** (*naw-'* ; type) de **ta'chîra** il vous faut, et comment l'obtenir, adressez-vous à la **qunSuliyya** (*qoun-Souliy-ya* ; consulat) de votre **sifâra** (*sifaa-ra* ; ambassade). Le mieux est d'entrer en contact avec un **muwaZZaf min al-qunSuliyya** (*mouwaZ-Zaf mi-na l-qoun-Souliy-ya* ; employé du consulat), qui pourra vous donner toutes les **ma'lûmât** (*ma'-loû-maa-t* ; renseignements) nécessaires concernant les **ta'chîrât**.

CULTURE

QUELLE DIFFÉRENCE ENTRE UNE AMBASSADE ET UN CONSULAT ?

Le consulat et l'ambassade sont deux instances de représentation d'un pays dans un autre pays. Ainsi, par exemple, dans la plupart des pays du monde, la France possède à la fois une ambassade et un consulat. Les consulats sont généralement implantés dans les principales destinations touristiques, et leur personnel s'occupe d'activités diplomatiques simples comme la délivrance de visas ou le soutien de programmes éducatifs. L'ambassade est généralement implantée dans la capitale du pays hôte, et son rôle est plus politique. L'aspect administratif y est moins prononcé. L'ambassade représente généralement la position diplomatique de son pays vis-à-vis du pays hôte.

Le consulat est dirigé par un consul, responsable de la délivrance des visas et de la promotion de bonnes relations avec le pays hôte. L'ambassade est dirigée par un ambassadeur, chargé d'entretenir des liens diplomatiques solides et durables entre les deux gouvernements.

Quand vous êtes à l'étranger, si vous avez besoin d'un renseignement d'ordre administratif, par exemple, si vous voulez savoir comment prolonger votre visa, vous irez au consulat. Pour quelque chose de plus problématique (par exemple, si vous vous retrouvez en prison), vous contacterez l'ambassade.

Sur Internet, vous pourrez aussi trouver les renseignements que vous cherchez : sélectionnez votre moteur de recherche préféré, et saisissez par exemple « affaires consulaires ».

Mots clés

aHtâj	*aH-taa-j*	J'ai besoin
balad	*balad*	pays
buldân	*boul-daa-n*	pays (pluriel)
Darûriyy	*Daroû-riy-y*	nécessaire
HaSala/yaHSulu ('alâ)	*Ha-Sala/yaH-Soulou ('alaa)*	obtenir
akthar	*ak-thar*	plus
aqall	*aqall*	moins
ma'lûmât	*ma'-loû-maa-t*	informations
musâ'ada	*mou-saa-'ada*	aide

Dans une agence de voyages

Vous avez donc le choix entre plusieurs sources de **ma'lûmât** pour l'organisation de votre **riHla**, mais aucune ne vous offrira un service aussi complet et aussi personnalisé que ce que peut vous offrir une bonne **wikâlat safar** (*wikaa-la-t safar* ; agence de voyages).

Une bonne **wikâlat safar** pourra vous conseiller les meilleurs endroits à visiter et vous fournir toute l'information et toute l'assistance logistique qui vous permettront de réussir au mieux votre **riHla**. Un **wakîl** (*wakii-l* ; *agent*) pourra vous apporter des **ma'lûmât** concernant :

- **al-fanâdiq** (*al-fanaa-diq* ; les hôtels)
- **wasâ'il al-naql** (*wa-saa-'il n-naq-l* ; les moyens de transport)
- **al-Tâ'irât** (*at-Taa-'iraa-t* ; les avions)
- **al-sayyârât** (*as-say-yaa-raa-t* ; les voitures)

- **al-Hâfilât** (*al-Haa-filaa-t* ; les bus)
- **al-kharâ'iT** (*al-kharaa-'iT* ; les plans)
- **'amaliyyât al-Hajz** (*'amaliy-yaa-t l-Haj-z* ; les réservations)
- **al-takhfîDât** (*at-takh-fii-Daa-t* ; les réductions)

Ainsi, par exemple, un **wakîl** pourra effectuer une réservation pour un voyage en **majmû'a** (*maj-moû-'a* ; groupe) et vous dire à quelles **takhfîDât** vous avez droit.

Les **wikâlât al-safar** peuvent généralement vous proposer des formules de voyage comprenant l'avion et l'hôtel. Renseignez-vous sur les formules de ce genre :

- **layla wa yawmayn** (*lay-la wa yaw-may-n* ; une nuit et deux jours)
- **laylatayn wa thalâthat ayyâm** (*lay-latay-n wa thalaa-tha-t ay-yaa-m* ; deux nuits et trois jours)
- **sitt layâlin wa sab'at ayyâm** (*sit-t layaa-li-n wa sab-'a-t ay-yaa-m* ; six nuits et sept jours)

Quand vous potasserez les prospectus et autres renseignements fournis par une **wikâlat safar,** portez votre attention sur les points suivants :

- **thaman l-funduq maDmûn** (*thama-n l-foun-douq maD-moû-n* ; le prix de l'hôtel est compris).
- **ziyârat al-madîna maDmûna** (*ziyaa-ra-t l-madii-na maD-moû-na* ; la visite de la ville est comprise).
- **al-fuTûr wa al-ghadâ' maDmûnân** (*al-fouToû-r wa l-ghadaa-' maD-moû-naa-n* ; le petit déjeuner et le déjeuner sont inclus).
- **al-funduq wa al-Tâ'ira maDmûnân** (*al-foun-douq wa T-Taa-'ira maD-moû-naa-n* ; l'hôtel et l'avion sont inclus).

Chapitre 4
Payer

DANS CE CHAPITRE :

» **Régler vos problèmes financiers à la banque**

» **Changer votre argent**

Al-mâl (*al-maa-l* ; l'argent) joue un rôle fondamental dans le quotidien. À l'étranger tout autant que chez vous, il ne faut pas que vous ayez du mal à trouver du **mâl**... pour satisfaire tous vos besoins : pour acheter votre nourriture et vos vêtements, payer votre loyer, aller au cinéma, etc. Dans le monde, rien n'est **majjân** (*maj-jaa-n* ; gratuit), ou presque. Dans ce chapitre, vous allez apprendre le vocabulaire arabe qui vous permettra de gérer les aspects bassement matériels de votre existence. Plus précisément, vous allez apprendre comment ouvrir et gérer un compte en banque, comment retirer de l'argent d'une banque, et comment changer votre argent : ce qui vous sera bien utile si vous voyagez.

À la banque

On trouve **al-mâl** au **maSrif** (*maS-rif* ; banque). En arabe, « banque » se dit aussi **bank** (*ba-n-k*). Dans cette section, vous allez vous familiariser avec le vocabulaire utile pour effectuer des transactions au **maSrif.** Voici des termes couramment utilisés au **maSrif** :

» **fal-s** (*fal-s* ; pièce de monnaie)

» **fulûs** (*fou-loû-s* ; argent)

- **naqd** (*naq-d* ; pièce de monnaie)
- **nuqûd** (*nouqoûd* ; monnaie, pièces de monnaie)
- **waraqa** (*waraqa* ; billet de banque)
- **awrâq** (*aw-raa-q* ; billets de banque)
- **biTâqat i'timâd** (*biTaa-qa-t i'timaa-d* ; carte de crédit)
- **Sakk** (*Sak-k* ; chèque)
- **Sukûk** (*Soukoû-k* ; chèques)
- **sanad** (*sanad* ; chèque)
- **asnâd** (*as-naa-d* ; chèques)
- **Hisâb maSrifiyy** (*Hi-saa-b maS-rifiy-y* ; compte en banque)

Ouvrir un compte en banque

Au **maSrif**, on commence généralement par ouvrir un **Hisâb maSrifiyy** (compte en banque). Vous pouvez même ouvrir plusieurs **Hisâbât maSrifiyya** (*Hi-saa-baa-t maS-rifiy-ya* ; comptes en banque), selon votre situation financière et selon vos projets. Voici plusieurs dénominations de **Hisâbât** (*Hi-saa-baa-t* ; comptes) qui peuvent vous intéresser :

- **Hisâb jârin** (*Hi-saa-b jaa-ri-n* ; compte courant)
- **Hisâb iddikhâr** (*Hi-saa-b id-dikhaa-r* ; compte épargne)
- **Hisâb maSrifiyy** (*Hi-saa-b maS-rifiy-y* ; compte bancaire)
- **Hisâb barîdiyy** (*Hi-saa-b barii-diy-y* ; compte postal)

Une fois que vous avez déterminé quel type de **Hisâb** vous convient, vous pouvez vous adresser à un employé de banque : **muwaZZaf maSrif** (*mouwaZ-Zaf maS-rif*) ou à une employée de banque : **muwaZZafat maSrif** (*mouwaZ-Zafa-t maS-rif*). Il ou elle vous demandera probablement d'entrer dans son **maktab** (*mak-tab* ; bureau), par souci de **sirriyya** (*sir-riy-ya* ; confidentialité), ouvrir un compte : **fatH Hisâb** (*fat-H Hi-saa-b*) se fait en privé.

Vos papiers !

Une fois que vous savez de quel type de **Hisâb** vous avez besoin, il vous reste à accomplir certaines formalités. Vous devez présenter des **wathâ'iq** (*wathaa-iq* ; documents) et répondre à quelques **as'ila** (*as-ila* ; questions). Voici les **wathâ'iq** que vous devrez avoir sur vous pour ouvrir un **Hisâb :**

- **biTâqat ta'rîf** (*biTaa-qat ta'-rii-f* ; carte d'identité)
- **rukhSat siyâqa** (*roukh-Sat siyaa-qa* ; permis de conduire)
- **jawâz safar** (*jawaa-z safar* ; passeport)
- **biTâqat al-Tâlib** (*biTaa-qat T-Taa-lib* ; carte d'étudiant)
- **biTâqat al-Damân al-ijtimâ'iyy** (*biTaa-qat D-Damaa-n l-ijtimaa-'iy-y* ; carte de sécurité sociale)

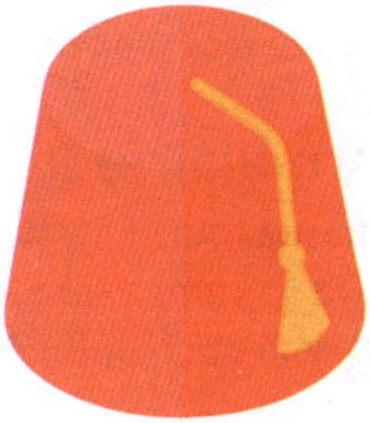

Mots clés

fataHa/yaftaHu	*fataHa/yaf-taHou*	ouvrir
maktab	*mak-tab*	bureau
naw'	*naw-'*	genre, sorte
anwâ'	*an-waa-'*	genres, sortes
wâfaqa/yuwâfiq	*waa-faqa/youwaa-fiqou*	être d'accord/ correspondre à
farq	*far-q*	différence
îdâ'	*ii-daa-'*	dépôt
faqaT	*faqaT*	seulement
âkhar	*aa-khar*	autre
nisbat al-fâ'ida	*nis-bat al-faa-'ida*	le taux d'intérêt
fî al-mi'a	*fii l-mi-'a*	pour cent

Donner des informations personnelles

Une fois que vous lui aurez présenté les justificatifs de votre identité, **muwaZZaf al-maSrif** vous demandera probablement encore quelques **wathâ'iq** pour pouvoir terminer l'ouverture de votre dossier. Il vous demandera par exemple votre adresse actuelle : **'unwânuka al-râhin** (*'oun-waa-nouka r-raa-hi-n*) et peut-être votre ancienne adresse : **'unwânuka al-sâbiq** (*'oun-waa-nouka s-saa-biq*). Et, naturellement, il vous demandera de lui présenter une attestation de domicile : **chahâdat al-suknâ** (*cha-haa-da-t s-souk-naa*).

Remplir des formulaires

Une fois que vous aurez fourni les **wathâ'iq**, vous devrez remplir une **istimâra** (*is-timaa-ra* ; formulaire). Voici les éléments que vous devrez remplir dans cette **istimâra** :

- **al-ism al-chakhSiyy** (*al-is-m ch-chakh-Siy-y* ; prénom)
- **al-ism al-karîm** (*al-is-m l-ka-rii-m* ; prénom)
- **al-ism al-'â'iliyy** (*al-is-m al-'aa-iliy-y* ; nom de famille)
- **târîkh al-wilâda** (*taa-rii-kh al-wilaa-da* ; date de naissance)
- **makân al-wilâda** (*makaa-n l-wilaa-da* ; lieu de naissance)
- **al-mihna** (*al-mih-na* ; profession)
- **al-mustakhdim** (*al-mous-takh-di-m* ; employeur)
- **al-tajriba al-mihaniyya** (*at-taj-riba l-mi-haniy-ya* ; expérience professionnelle)
- **naw' al-Hisâb** (*naw-' l-Hi-saa-b* ; type de compte)
- **raqm al-hâtif** (*raq-m l-haa-tif* ; numéro de téléphone)

Quand vous aurez rempli **al-istimâra, al-muwaZZaf** aura besoin de votre **imDâ'** (*i-m-daa-'* ; signature). Ensuite, ce sera fini : vous aurez votre compte !

Mots clés

mâ huwa	*maa houwa*	quel est
mâ hiya	*maa hiya*	quelle est
mudîr maSrif	*moudii-r maS-rif*	directeur de banque
mudîrat maSrif	*moudii-ra-t maS-rif*	directrice de banque
yawm	*yaw-m*	jour
chahr	*cha-h-r*	mois
sana	*sana*	année

Mots clés

mumarriDa	*moumar-riDa*	infirmière
mustachfâ	*mous-tach-faa*	hôpital
nihâya	*ni-haa-ya*	fin
qarD	*qar-D*	crédit
i'timâd	*i'-timaa-d*	crédit

Le verbe « ouvrir »

Si vous ne savez pas conjuguer le verbe **fataHa** (ouvrir) au **mâDî** (passé) et au **muDâri'** (inaccompli), il vous sera difficile d'ouvrir un **Hisâb,** ou quoi que ce soit d'autre. Voici donc le verbe « ouvrir » au **mâDî :**

Forme	Prononciation	Français
fataHtu	*fataH-tou*	J'ai ouvert
fataHta	*fataH-ta*	Tu as ouvert (M)
fataHti	*fataH-ti*	Tu as ouvert (F)
fataHa	*fataHa*	Il a ouvert
fataHat	*fataHa-t*	Elle a ouvert
fataHtumâ	*fataH-toumaa*	Vous avez ouvert (D)
fataHâ	*fataHaa*	Ils ont ouvert (D)
fataHatâ	*fataHataa*	Elles ont ouvert (D)
fataHnâ	*fataHnaa*	Nous avons ouvert
fataHtum	*fataH-toum*	Vous avez ouvert (M)
fataHtunna	*fataHtoun-na*	Vous avez ouvert (F)
fataHû	*fataHoû*	Ils ont ouvert (M)
fataHna	*fataH-na*	Elles ont ouvert (F)

Et voici comment conjuguer ce même verbe au **muDâri’** :

Forme	Prononciation	Français
aftaHu	*af-taHou*	J’ouvre
taftaHu	*taf-taHou*	Tu ouvres (M)
taftaHîna	*taf-taHii-na*	Tu ouvres (F)
yaftaHu	*yaf-taHou*	Il ouvre
taftaHu	*taf-taHou*	Elle ouvre
taftaHâni	*taf-taHaa-ni*	Vous ouvrez (D)
yaftaHâni	*yaf-taHaa-ni*	Ils ouvrent (D)
taftaHâni	*taf-taHaa-ni*	Elles ouvrent (D)
naftaHu	*naf-taHou*	Nous ouvrons
taftaHûna	*taftaHoû-na*	Vous ouvrez (M)
taftaHna	*taf-taH-na*	Vous ouvrez (F)
yaftaHûna	*yaf-taHoû-na*	Ils ouvrent (M)
yaftaHna	*yaf-taH-na*	Elles ouvrent (F)

Faire des dépôts et des retraits

Une fois que vous avez votre **Hisâb**, les deux principales transactions que vous ferez seront les suivantes :

- **îdâ’** (*ii-daa-’* ; dépôt)
- **saHb** (*saH-b* ; retrait)

Pour effectuer un **îdâ’** sur votre **Hisâb maSrifiyy** (compte en banque), vous pourrez soit utiliser un **Sakk** (*Sakk* ; chèque), soit verser des **nuqûd** (*nuqoû-d* ; argent liquide, espèces).

Pour effectuer un **saHb**, vous irez voir **muwaZ-Zaf al-maSrif**, ou bien vous utiliserez un guichet automatique.

Changer de l'argent

Si vous vous rendez dans un **balad 'arabiyy** (*bala-d 'arabiy-y* ; pays arabe), vous risquez de ne pas aller bien loin si vous n'avez pas la bonne **'umla** (*'ou-m-la* ; devise). Si vous êtes prévoyant, vous irez sans doute au **maSrif** avant de commencer votre **safar** (*safar* ; voyage). Autrement, vous pouvez vous rendre au **maktab al-Sarf** (*mak-tab S-Sar-f* ; bureau de change) du **maTâr** (*maTaa-r* ; aéroport).

TRUC

Vous obtiendrez probablement un taux de change plus favorable dans votre pays de résidence, auprès de votre banque. Mais si vous vous trouvez à l'étranger et si vous avez besoin d'argent liquide, le mieux sera d'aller faire votre transaction dans une banque reconnue.

Un petit tour du monde des monnaies

La liste qui suit vous présente les différentes devises du monde arabe :

- Algérie : **dînâr jazâ'iriyy** (*dii-naa-r jazaa'iriy-y* ; dinar algérien)
- Bahreïn : **dînâr baHrayniyy** (*dii-naa-r bah-ray-niy-y* ; dinar bahreïni)
- Égypte : **junayh miSriyy** (*jounay-h mis-riy-y* ; guinée égyptienne)
- Irak : **dînâr 'irâqiyy** (*dii-naar 'iraa-qiy-y* ; dinar irakien)

- Jordanie : **dînâr urduniyy** (*dii-naa-r our-douniy-y* ; dinar jordanien)
- Koweït : **dînâr kuwaytiyy** (*dii-naa-r kou-way-tiy-y* ; dinar koweïtien)
- Liban : **lîra lubnâniyya** (*lii-ra loub-naa-niy-ya* ; livre libanaise)
- Libye : **dînâr lîbiyy** (*dii-naa-r lii-biy-y* ; dinar libyen)
- Maroc : **dirham maghribiyy** (*dir-ham magh-ribiy-y* ; dirham marocain)
- Oman : **riyâl 'umâniyy** (*riyaa-l 'oumaa-niy-y* ; riyal omani)
- Qatar : **riyâl qaTariyy** (*riyaa-l qatariy-y* ; riyal qatari)
- Arabie Saoudite : **riyâl sa'ûdiyy** (*riyaa-l sa-'oû-diy-y* ; riyal saoudien)
- Syrie : **lîra sûriyya** (*lii-ra soû-riy-ya* ; livre syrienne)
- Tunisie : **dînâr tûnisiyy** (*dii-naa-r toû-ni-siy-y* ; dinar tunisien)
- Émirats arabes unis (EAU) : **dirham imârâtiyy** (*dir-ham imaa-raa-tiy-y* ; dirham émirati)
- Yémen : **riyâl yamaniyy** (*riyaa-l yamaniy-y* ; riyal yéménite)

Et pour le reste du monde, voici une liste des devises les plus courantes :

- **dûlâr** (*doû-laa-r* ; dollar)
- **bîzoû** (*bii-zoû* ; peso)
- **yûrû** (*yoû-roû* ; euro)
- **junayh istarlîniyy** (*jounay-h is-tar-lii-niy-y* ; livre sterling)
- **yan yâbâniyy** (*yan yaa-baa-niy-y* ; yen japonais)

Changer !

Savoir les noms des devises n'est que le début. La liste de questions qui suit vous aidera à mener votre affaire au **maSrif** :

- **ayna maktab al-Sarf ?** (*ay-na mak-tab S-Sa-r-f* ; où se trouve le bureau de change ?)
- **hal maktab al-Sarf qarîb min hunâ ?** (*hal mak-tab S-Sar-f qarii-b mi-n hounaa* ; le bureau de change est-il près d'ici ?)
- **matâ yaftaH maktab al-Sarf abwâba-hu ?** (*mataa yaf-taH mak-tab S-Sar-f ab-waa-ba-hou* ; quand le bureau de change ouvre-t-il ?)
- **mâ hiya as'âr al-Sarf al-yawm ?** (*maa hiya as-'aa-r S-Sar-f al-yaw-m* ; quel est le taux de change d'aujourd'hui ?)
- **hal satakûnu as-'âr al-Sarf aHsan ghadan ?** (*hal satakoû-nou as-s-'aa-r S-Sar-f aH-sa-n gha-da-n* ; le taux de change sera-t-il meilleur demain ?)
- **hal hunâka 'umûla li-Sarf al-mâl ?** (*hal hounaa-ka 'oumoû-la li Sar-f al-maa-l* ; y a-t-il une commission pour changer de l'argent ?)
- **urîdu an aSrifa dûlârât ilâ darâhim** (*ourii-dou a-n aS-rifa doû-laa-raa-t ilaa daraa-hi-m* ; je voudrais changer des dollars contre des dirhams).
- **kam min dûlâr yusâwî al-dînâr ?** (*kam mi-n doû-laa-r you-saa-wii d-dii-naa-r* ; à combien de dollars équivaut un dinar ?)

Voici quelques réponses que vous fera peut-être **al-Sayrafiyy** (*aS-Say-rafiy-y* ; le changeur) :

- **maktab al-Sarf yaftaHu abwâbahu fî al-sâ'a al-thâmina SabâHan** (*mak-tabS-Sar-f yaf-taHou ab-waa-ba-hou fii s-saa-'a th-thaa-mina Sabaa-Ha-n* ; le bureau de change ouvre à huit heures du matin).
- **na'am, naSrifu dûlârât ilâ darâhim** (*na-'am. naS-rifou doû-laa-raa-t ilaa daraa-hi-m* ; oui, nous changeons les dollars contre des dirhams).
- **as'âr al-Sarf al-yawm mithla as'âr al-Sarf ams** (*as-'aa-r S-Sar-f l-yaw-m mith-la as-'aa-r S-Sar-f am-s* ; le taux de change d'aujourd'hui est le même qu'hier).
- **naHnu naqbal dûlârât faqaT** (*naH-nou naq-bal doû-laa-raat fa-qaT* ; nous n'acceptons que les dollars).
- **lâ naqbalu siwâ al-nuqûd** (*laa naq-balou siwaa n-nouqoû-d* ; nous n'acceptons que les espèces).
- **mi'at dûlâr tusâwî alf riyâl** (*mi-'a-t doû-laa-r tou-saa-wii al-f riyaa-l* ; cent dollars équivalent à mille riyals).
- **hunâka 'umûla min 'acharat dûlârât li-kull 'amaliyya** (*hou-naa-ka 'oumoû-la mi-n 'acharat doûlaa-raa-t li-koul-li 'amaliy-ya* ; il y a une commission de dix dollars sur chaque transaction).
- **maktab al-Sarf dâkhil al-maSrif** (*mak-tab S-Sar-f daa-khil al-maS-rif* ; le bureau de change est à l'intérieur de la banque).

Mots clés

Sarafa/yaSrifu	*Sarafa/yaS-rifou*	changer
Sarrafa/ yuSarrifu	*Sar-rafa/ youSar-rifou*	changer, faire de la monnaie
Sarf	*Sar-f*	change
si'r	*si'-r*	prix
si'r al-Sarf	*si-'r S-Sar-f*	taux de change
mu'addal	*mou'ad-dal*	taux
alf	*al-f*	mille
sâwâ/yusâwî	*saa-waa/ you-saa-wii*	équivaloir

Chapitre 5

Se déplacer

DANS CE CHAPITRE :

- **Poser des questions pour savoir « où »**
- **Prendre la bonne direction**
- **Apprendre les nombres ordinaux**

Savoir obtenir des **irchâdât** (*ir-chaa-daa-t* ; indications) est une chose importante lorsque vous voyagez. Pour pouvoir vous adresser à des arabophones et pour obtenir leur aide, il faut que vous sachiez leur poser des questions, et que vous puissiez comprendre les **irchâdât** qui vous seront données !

Dans ce chapitre, vous allez apprendre à échanger quelques mots avec des arabophones pour obtenir l'information qui vous permettra de trouver ce que vous cherchez.

Il s'agit surtout de savoir « où »

Pour pouvoir demander votre chemin, il faut que vous sachiez poser des questions commençant par « où ». C'est l'objet du paragraphe suivant.

Demander « où »

Pour demander votre chemin en arabe, le mieux est de poser des questions commençant par **ayna** (*ay-na* ; où). Heureusement, la syntaxe est assez simple : il suffit de dire **ayna** et d'ajouter le sujet.

Ainsi, par exemple :

- **ayna al-funduq ?** (*ay-na l-fou-n-dou-q* ; où est l'hôtel ?)
- **ayna al-hâtif ?** (*ay-na l-haa-tif* ; où est le téléphone ?)
- **ayna al-mirHâD ?** (*ay-na l-mir-Haa-D* ; où sont les toilettes ?)

À RETENIR

Prenez garde de bien utiliser un sujet défini après le mot **ayna.** Comme l'explique le chapitre 3, un sujet est à la forme définie lorsqu'il est précédé d'un article défini, en l'occurrence le préfixe **al-**. Ainsi, par exemple, **funduq** signifie « hôtel » et **al-funduq** signifie « l'hôtel ». Par conséquent, pour savoir où se trouve l'hôtel, vous demanderez **ayna al-funduq ?** (où est l'hôtel ?) et non pas **ayna funduq ?** qui se traduirait par « où est hôtel ? ».

Les questions en « où » ne vous serviront pas seulement à demander votre chemin. Vous pourrez aussi utiliser les questions en **ayna** pour désigner des personnes. Ainsi, par exemple :

- **ayna maryam ?** (*ay-na mar-ya-m* ; où est Myriam ?)
- **ayna al-aTfâl ?** (*ay-na l-aT-faa-l* ; où sont les enfants ?)
- **ayna ummî ?** (*ay-na oum-mii* ; où est ma mère ?)

À RETENIR

Quand vous utilisez un nom qui est déjà défini, l'article **al-** est inutile. Ainsi, dans un des exemples qui précèdent, le nom **Maryam** n'est pas précédé du préfixe **al-** puisqu'il s'agit d'une personne spécifique, identifiée. Prenez garde de ne pas ajouter le préfixe **al-** à n'importe quel sujet qui suit le mot **ayna**, lorsqu'il n'y a aucune ambiguïté concernant le sujet auquel vous vous référez.

Répondre aux questions en « où »

Poser une question en « où » est vraiment simple (voir la section qui précède), mais y répondre est parfois un peu plus difficile. Vous pouvez répondre de différentes manières à une question commençant par **ayna**. Il s'agit d'abord de bien comprendre la syntaxe des réponses, qui suivent généralement la forme : sujet, préposition, objet.

Examinons quelques questions en **ayna** et leurs réponses types :

- **ayna al-mustachfâ ?** (*ay-na l-mous-tach-faa* ; où est l'hôpital ?)
- **al-mustachfâ fî al-madîna** (*al-mous-tach-faa fii l-madii-na* ; l'hôpital est en ville).
- **ayna al-maT'am ?** (*ay-na l-maT-'am* ; où est le restaurant ?)
- **al-maT'am qarîb min al-funduq** (*al-maT-'am qarii-b mi-n al-foun-douq* ; le restaurant est près de l'hôtel).
- **ayna al-dalîl al-siyâHiyy ?** (*ay-na d-dalii-l s-siyaa-Hiy-y* ; où est le guide touristique ?)
- **al-dalîl al-siyâHiyy fî madkhal al-funduq** (*ad-dalii-l s-siyaa-Hiy-y fii mad-khal l-fou-n-douq* ; le guide touristique est à l'entrée de l'hôtel).

Remarquez que, dans ces exemples, vous utilisez une préposition pour établir un lien entre le sujet (ici, l'endroit ou la personne que vous cherchez) et l'objet (le lieu où se trouve le sujet). Pour cela, il importe que vous vous soyez familiarisé avec les prépositions les plus courantes :

- **'alâ** (*'alaa* ; sur)
- **fî** (*fii* ; dans)
- **ilâ** (*ilaa* ; vers)
- **qarîb min** (*qarii-b mi-n* ; près de)
- **qurb** (*qour-b* ; près de)
- **ba'îd 'an** (*ba'ii-d 'a-n* ; loin de)
- **ilâ jânib** (*ilaa jaa-nib* ; à côté de)
- **fawqa** (*faw-qa* ; au-dessus de)
- **taHta** (*taH-ta* ; au-dessous de)
- **amâma** (*amaa-ma* ; devant, en face de)
- **warâ'a** (*waraa-a* ; derrière)
- **'alâ yamîn** (*'alaa yamii-n* ; à droite de)
- **'alâ yasâr** (*'alaa yasaa-r* ; à gauche de)

À RETENIR

N'oubliez pas que dans une question commençant par **ayna**, le sujet doit être défini (pour plus de détails, voir la section « Demandez "où" », précédemment dans ce chapitre) ; dans la réponse, le sujet reste défini.

Comment s'y prendre pour demander une direction

Assimiler la syntaxe des questions en **ayna** et des réponses à ces questions est un premier pas important, avant de pouvoir aborder les gens pour leur demander votre chemin.

Mots clés

matHaf	*mat-Haf*	musée
masjid	*mas-jid*	mosquée
mustachfâ	*mous-tach-faa*	hôpital
maT'am	*maT-'am*	restaurant
funduq	*foun-douq*	hôtel
sifâra	*sifaa-ra*	ambassade
madrasa	*mad-ra-sa*	école
maktaba	*mak-ta-ba*	bibliothèque
masraH	*mas-raH*	théâtre
sûq	*suû-q*	marché
makhbaza	*makh-baza*	boulangerie
madîna	*madii-na*	ville
qarya	*qar-ya*	village
Tarîq	*Tarii-q*	route
châ-ri'	*chaa-ri'*	rue
Hayy	*Hay-y*	quartier
binâya	*binaa-ya*	bâtiment

Comment obtenir des indications

Bien sûr, vous ne pouvez pas simplement aborder quelqu'un en lui demandant directement **ayna al-funduq ?** (où est l'hôtel ?). Ce ne serait pas très poli. L'usage est de commencer par dire **al-salâmu 'alaykum** (*as-salaa-mou 'alay-koum* ; bonjour) ou **ahlan** (*ah-la-n* ; salut), puis de demander à la personne si vous pouvez lui poser une question. Vous pouvez, par exemple, commencer ainsi : **'afwan, hal yumkin an as'ala-ka su'âlan ?**

(*'af-wa-n, hal youm-ki-n a-n as-ala-ka sou-aa-la-n* ; excusez-moi, puis-je vous poser une question ?)

Une fois que la personne a accepté, vous pouvez commencer à la questionner (pour plus d'informations sur les formules de politesse et sur la manière de se présenter, voir le chapitre 7).

« Pourriez-vous répéter ? »

Quand vous demandez votre chemin, il arrive que la personne à laquelle vous vous adressez commence à parler trop vite, et que vous n'arriviez pas à comprendre ce qu'elle vous dit. Il arrive aussi que l'endroit soit bruyant, si vous êtes par exemple sur une avenue encombrée, et que vous ayez du mal à entendre la réponse. Dans un cas comme dans l'autre, il faut que vous puissiez demander à cette personne de parler lentement et de répéter ce qu'elle vient de vous dire. Voici quelques phrases qui vous permettront d'affronter ce genre de situation :

- **'afwan** (*'af-wa-n* ; excusez-moi/je vous demande pardon)
- **ismaH lî** (*is-maH lii* ; excusez-moi)
- **lâ afham** (*laa af-ham* ; je ne comprends pas)
- **takallam bi-buT'in min faDli-k** (*takal-la-m bi-bouT-i-n mi-n faD-li-k* ; parlez lentement, s'il vous plaît)
- **hal yumkin an tu'îd min faDlik ?** (*hal youm-ki-n a-n tou-'ii-d mi-n faD-lik* ; pourriez-vous répéter, s'il vous plaît ?)
- **a'id min faDli-k** (*a'id mi-n faD-li-k* ; répétez s'il vous plaît)

» **mâdhâ qulta ?** (*maa-dhaa qoul-ta* ; qu'est-ce que vous dites ?)

Mots clés

ba'îd	*ba-'ii-d*	loin (M)
ba'îda	*ba'ii-da*	loin (F)
qarîb	*qarii-b*	proche (M)
qarîba	*qarii-ba*	proche (F)
hunâ	*hou-naa*	ici
hunâka	*hou-naa-ka*	là-bas
afham	*af-ham*	je comprends
Hâfila	*Haa-fila*	bus
taksî	*tak-sii*	taxi
qiTâr	*qiTaa-r*	train
maHaTTa	*maHaT-Ta*	gare

À l'impératif

Quand vous demandez votre chemin, votre interlocuteur vous indique un endroit. Il vous dit surtout où vous devez vous rendre, souvent sous la forme d'un impératif. La forme impérative est unique, ce qui signifie qu'elle s'applique à tous les pronoms personnels. Elle varie cependant selon le genre : selon que vous vous adresserez à un homme ou à une femme, l'expression ne sera pas la même.

Voici quelques exemples simples de forme impérative :

Impératif au masculin			Impératif au féminin		
Forme	Prononciation	Français	Forme	Prononciation	Français
a'id	*a-'id*	répète !	**a'îdî**	*a-'ii-dii*	répète !
idhhab	*idh-hab*	va !	**idhhabî**	*idh-habii*	va !
khudh	*khoudh*	prends !	**khudhî**	*khoudhii*	prends !
imchi	*i-m-chi*	marche !	**imchî**	*i-m-chii*	marche !
dur	*dour*	tourne !	**dûrî**	*doû-rii*	tourne !
in'aTif	*i-n-'aTif*	tourne !	**in'aTifî**	*i-n-'aTifii*	tourne !
qif	*qif*	arrête-toi !	**qifî**	*qifii*	arrête-toi !

Mots clés

aZunnu	*aZoun-nou*	je crois
thumma	*thoum-ma*	puis
HâDir	*Haa-Dir*	entendu
musâ'ada	*mou-saa-'ada*	aide
chamâl	*chamaa-l*	nord
janûb	*janoû-b*	sud
charq	*char-q*	est
gharb	*ghar-b*	ouest

Apprendre les nombres ordinaux

Les nombres ordinaux servent à classer les objets. Alors que les nombres cardinaux servent surtout à compter, les nombres ordinaux sont utilisés, entre autres, pour donner des indications. Ainsi, par exemple, vous direz à quelqu'un « tournez à droite dans la deuxième rue » et non pas « tournez à droite dans la rue deux ». Vous saisissez la différence ?

En arabe, les nombres ordinaux s'accordent en genre avec le nom dont ils dépendent. Vous devrez donc vous familiariser avec la forme masculine et avec la forme féminine, qui sont présentées l'une et l'autre dans le tableau 5.1.

GRAMMAIRE

Pour indiquer à un ami que vous habitez « la cinquième maison », vous direz **al-manzil al-khâmis** (*al-ma-n-zil al-khaa-mi-s*). Remarquez qu'il faut utiliser ici la forme ordinale masculine **khâmis** parce que **manzil** est un nom masculin. Pour dire que vous prenez le « huitième bus » vous direz **al-Hâfila al-thâmina** (*al-Haa-fila th-thaa-mina*). Vous emploierez l'ordinal féminin **thâmina** puisque **Hâfila** (bus) est un nom féminin.

Ainsi, pour dire à un ami « tourne à gauche dans la deuxième rue », vous direz **dur 'alâ al-yasâr fî al-chârì' al-thânî** (*dour 'alaa l-ya-saa-r fii ch-chaa-ri-' th-thaa-nii*). Sachant que **chârì'** (*chaa-ri-'* ; rue) est un sujet masculin, l'ordinal sera masculin : **thânî** (deuxième).

TABLEAU 5.1 : Les nombres ordinaux

Ordinal (M)	Prononciation	Ordinal (F)	Prononciation	Français
awwal	*aw-wal*	**ûlâ**	*oû-laa*	premier/ première
thânin/ al-thânî	*thaa-ni-n/ ath-thaa-nii*	**thâniya**	*thaa-niya*	deuxième
thâlith	*thaa-lith*	**thâlitha**	*thaa-litha*	troisième
râbi'	*raa-bi-'*	**râbi'a**	*raa-bi-'a*	quatrième
khâmis	*khaa-mi-s*	**khâmisa**	*khaa-mi-sa*	cinquième

Ordinal (M)	Prononciation	Ordinal (F)	Prononciation	Français
sâdis	*saa-di-s*	**sâdisa**	*saa-di-sa*	sixième
sâbi'	*saa-bi-'*	**sâbi'a**	*saa-bi-'a*	septième
thâmin	*thaa-mi-n*	**thâmina**	*thaa-mina*	huitième
tâsi'	*taa-si-'*	**tâsi'a**	*taa-si-'a*	neuvième
'âchir	*'aa-chir*	**'âchira**	*'aa-chira*	dixième
Hâdî 'achar	*Haa-dii 'achar*	**Hâdiya 'achara**	*Haa-diya 'achara*	onzième
thânî 'achar	*thaa-nii 'achar*	**thâniya 'achara**	*thaa-niya 'achara*	douzième
thâlith 'achar	*thaa-lith 'achar*	**thâlitha 'achara**	*thaa-litha 'achara*	treizième
râbi' 'achar	*raa-bi-' 'achar*	**râbi-'a 'achara**	*raa-bi-'a 'achara*	quator-zième
khâmis 'achar	*khaa-mi-s 'achar*	**khâmisa 'achara**	*khaa-mi-sa 'achara*	quinzième
sâdis 'achar	*saa-di-s 'achar*	**sâdisa 'achara**	*saa-di-sa 'achara*	seizième
sâbi' 'achar	*saa-bi-' 'achar*	**sâbi'a 'achara**	*saa-bi-'a 'achara*	dix-septième
thâmin 'achar	*thaa-mi-n 'achar*	**thâmina 'achara**	*thaa-mina 'achara*	dix-huitième
tâsi' 'achar	*taa-si-' 'achar*	**tâsi-'a 'achara**	*taa-si-'a 'achara*	dix-neuvième
'ichrîn	*'ich-rii-n*	**'ichrîn**	*'ich-rii-n*	vingtième*
thalâthîn	*thalaa-thii-n*	**thalaathîn**	*thalaa-thii-n*	trentième*

* Dans un contexte écrit, à partir de « vingtième », le nombre se décline : la terminaison est en **-ûna** au cas sujet (**'ichrûna**, **thalâthûna**...), et en **-îna** aux cas direct et indirect (**'ichrîna**, **thalâthîna**...). Mais à l'oral, vous n'avez besoin de connaître que la forme en **-îna**, souvent prononcée d'ailleurs **-în**, tout simplement.

Vous allez voir du pays

Vous aurez généralement le choix entre plusieurs moyens de transport. Les plus courants sont présentés dans le tableau 5.2.

TABLEAU 5.2 : Les principaux moyens de transport

Arabe	Prononciation	Français
tâksî	*taa-k-sii*	taxi
Hâfila	*Haa-fi-la*	bus
qiTâr	*qiTaa-r*	train
nafaq	*nafaq*	métro
mitrû	*mit-roû*	métro
safîna	*safii-na*	bateau
sayyâra	*say-yaa-ra*	voiture
sayyâra li-al-ta'jîr	*say-yaa-ra li-t-ta'-jii-r*	voiture de location
darrâja	*dar-raa-ja*	vélo
darrâja nâriyya	*dar-raa-ja naa-riy-ya*	moto

Prendre un taxi

TRUC

Si vous vous trouvez dans une ville assez grande et si vous voulez vous rendre rapidement d'un lieu à un autre, le moyen de transport le plus approprié sera le taxi. À l'étranger, il convient de prendre les précautions suivantes :

- Vérifiez que le taxi que vous allez prendre est dûment homologué. Il existe souvent des faux taxis qui profitent des touristes peu avertis : ne soyez pas de ce nombre ! En général, les informations qui prouvent que le taxi est homologué sont affichées à l'intérieur ou à l'extérieur du véhicule.
- Sachez que la plupart du temps, les taxis qui se rendent à l'aéroport ou qui en partent vous font payer un prix forfaitaire. Renseignez-vous avant de monter dans le taxi.

- En ville, vérifiez que le **sâ'iq** (*saa-iq* ; chauffeur) a bien mis en route le **'addâd** (*'ad-daa-d* ; compteur) au moment où vous êtes monté. Il arrive souvent que le chauffeur oublie (parfois de façon intentionnelle) de mettre le compteur en route, ou de le réinitialiser, et vous demande ensuite une somme exorbitante.

Dans les pays arabes, le pourboire n'a rien d'obligatoire. Cependant, si vous décidez de lui donner une ou deux pièces, le **sâ'iq** les acceptera certainement !

Mots clés

al-bâqî	*al-baa-qii*	le reste
al-Sarf	*aS-Sar-f*	la monnaie
thaman al-ujra	*thama-n l-ouj-ra*	prix de la course
'addâd	*'ad-daa-d*	compteur

Prendre le bus

La **Hâfila** (*Haa-fila* ; autobus) est souvent un moyen de transport pratique, que ce soit en ville ou pour vous rendre d'une ville à une autre. Si votre trajet se situe dans les limites d'une grande ville, l'autobus aura l'avantage de vous coûter moins cher que le taxi. Ce sera encore plus vrai si vous voyagez sur une plus longue distance, et, en outre, vous verrez mieux le paysage !

Dans les **Hâfilât** (autobus), vous pouvez généralement utiliser des **tadhâkir** (*tadhaa-kir* ; tickets) prépayés. Si vous devez prendre souvent la **Hâfila**, faites provision de **tadhâkir**. Sinon, si vous ne prenez l'autobus que de temps à autre, vous apprécierez le fait que les **Hâfilât** acceptent aussi les règlements en **nuqûd** (*nouqoû-d* ; espèces), tant que le montant reste limité. Voici quelques termes que vous pourrez utiliser si vous prenez la **Hâfila** :

» **tadhkirat al-Hâfila** (*tadh-kira-t l-Haa-fila* ; ticket de bus)

» **maHaTTat al-Hâfila** (*maHaT-Ta-t l-Haa-fila* ; gare routière)

» **sâ'iq al-Hâfila** (*saa-'iq l-Haa-fila* ; conducteur d'autobus)

» **tawqît al-Hâfila** (*taw-qii-t l-Haa-fila* ; horaire des bus)

TRUC

Pour dire « tous les » comme dans « tous les jours » ou « toutes les heures », il suffit de placer le mot **kull** (*koul-l* ; tout, chaque) devant le nom voulu, que vous laissez au singulier et sans l'article, comme vous le faites en français avec « chaque ». Ainsi, par exemple :

» **kull yawm** (*koul-l yaw-m* ; tous les jours, chaque jour)

» **kull sâ'a** (*koul-l saa-'a* ; toutes les heures, chaque heure)

» **kull niSf sâ'a** (*koul-l niS-f saa-'a* ; toutes les demi-heures, chaque demi-heure)

» **kull rub' sâ'a** (*koul-l roub-' saa-'a* ; tous les quarts d'heure, chaque quart d'heure)

Prendre le train

Le **qiTâr** (*qiTaa-r* ; train) est aussi un bon moyen de transport : pratique, rapide, abordable, et qui vous permet aussi de profiter du paysage. Quand vous prenez le **qiTâr**, soyez en mesure de présenter votre **biTâqa** au contrôleur. La **biTâqa chakhSiyya** (*biTaa-qa chakh-Siy-ya* ; carte d'identité) n'est généralement pas demandée, mais mieux vaut tout de même l'avoir sur soi.

Mots clés

dhahâb	*dhahaa-b*	aller
dhahâb wa iyâb	*dha-haa-b wa iyaa-b*	aller et retour
raSîf	*raSii-f*	quai, trottoir

Chapitre 6
L'hébergement

DANS CE CHAPITRE :

- **Trouver le bon point de chute**
- **Réserver une chambre**
- **Régler les formalités d'arrivée et de départ**

Trouver le bon **funduq** (*foun-dou-q* ; hôtel), c'est parfois la clé d'un séjour réussi. En **safar** (*safar* ; voyage) ou en **'uTla** (*'ouT-la* ; vacances), le **funduq**, c'est un chez-soi loin de chez soi : il importe donc de trouver un **funduq** qui vous convienne.

Dans ce chapitre, vous allez découvrir le moyen de bien choisir votre **funduq** en fonction de votre voyage, de votre budget et de vos préférences personnelles. Vous allez apprendre à vous renseigner sur tel ou tel aspect du **funduq** (équipements, services, proximité du centre-ville), à effectuer une réservation, à dialoguer avec le personnel de l'hôtel et aussi, et ce n'est pas négligeable, à régler votre note et à procéder aux autres formalités de départ ! Tout ce que vous avez toujours voulu savoir sur l'utilisation d'un **funduq** !

Faire le bon choix

Pour choisir un **funduq**, vous devez réfléchir à plusieurs choses. Tout d'abord, il s'agit de savoir dans quel genre d'hôtel vous voulez séjourner. Comment savoir si un hôtel vous conviendra ?

Voici quelques aspects à prendre en compte :

- **thaman** (*thama-n* ; prix)
- **ghurfa** (*ghour-fa* ; chambre)
- **Hajm al-ghurfa** (*Haj-m al-ghour-fa* ; taille de la chambre)
- **naw' al-ghurfa** (*naw-' al-ghour-fa* ; type de chambre)
- **'adad al-asirra** (*'adad l-asir-ra* ; nombre de lits)
- **khidmat al-ghurfa** (*khid-ma-t l-ghour-fa* ; service en chambre)

Bien sûr, il existe encore d'autres facteurs dont vous devrez tenir compte. Peut-être voudrez-vous un **funduq** dans lequel vous trouverez, entre autres **marâfiq** (*maraa-fiq* ; commodités), un **masbaH** (*mas-baH* ; piscine) ou un **maT'am** (*maT-'a-m* ; restaurant), mais il ne faut pas négliger les caractéristiques de la **ghurfa** (chambre). Après tout, c'est surtout là que vous serez chez vous !

L'important pour une **ghurfa**, c'est surtout son **Hajm** (*Haj-m* ; taille). Ainsi, par exemple, si vous voyagez seul, une **ghurfa li-chakhS wâHid** (*ghour-fa li-chakh-S waa-Hid* ; chambre simple) vous suffira peut-être, à moins que vous ne préfériez tout de même une **ghurfa li-chakhSayn** (*ghour-fa li-chak-Say-n* ; chambre double). Pour vous renseigner sur la **ghurfa**, vous utiliserez probablement le vocabulaire suivant :

- **sarîr** (*sarii-r* ; lit)
- **mirHâD** (*mir-Haad* ; toilettes)
- **churfa** (*chour-fa* ; balcon)
- **tilifizyûn** (*tilifiz-yoû-n* ; télévision)
- **Tâbiq** (*Taa-biq* ; étage)

GRAMMAIRE

Pour exprimer en français une relation de dépendance ou d'appartenance entre deux termes, on utilise souvent la préposition « de » : « la chambre de l'hôtel », « la taille de la chambre ». En arabe, on n'utilise pas de préposition. On place les deux termes côte à côte, le premier terme étant systématiquement sans l'article : **ghurfat al-funduq** signifie « la chambre de l'hôtel », **Hajm al-ghurfa** se traduira par « la taille de la chambre ». Si vous enlevez l'article au deuxième terme, la séquence devient indéfinie : **ghurfat funduq** signifie « une chambre d'hôtel », **Hajm ghurfa** se traduira par « la taille d'une chambre ».

Mots clés

ghuraf	*ghouraf*	chambres
fârigha	*faa-ri-gha*	libre
nâfidha	*naa-fidha*	fenêtre
chams	*cham-s*	soleil
châTi'	*chaa-Ti'*	plage

Les petits détails concernant la chambre

Je ne sais pas si vous êtes comme moi, mais moi, avant de réserver une **ghurfa**, je cherche à obtenir le plus d'informations possible. J'ai tendance à être soucieux du moindre détail : la forme de la baignoire, les chaînes de télévision que l'on capte, ou même le nombre d'oreillers !

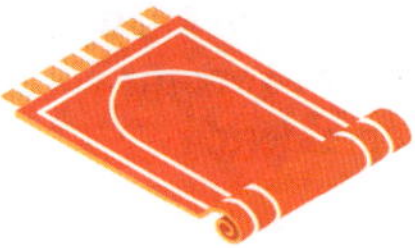

Mots clés

Hammâm	*Ham-maa-m*	salle de bains
duchch	*douch-ch*	douche
mighTas	*migh-Ta-s*	baignoire
mirHâD	*mir-Haa-D*	toilettes
maghsala	*magh-sa-la*	lavabo
fûTa	*foû-Ta*	serviette
mir'â	*mir-'aa*	miroir
sarîr	*sa-rii-r*	lit
wisâda	*wi-saa-da*	oreiller
liHâf	*li-Haa-f*	couverture
charchaf	*char-chaf*	drap
mikwâ	*mik-waa*	fer à repasser
miSbâH	*mi-S-ba-aH*	lampe
hâtif	*haa-tif*	téléphone
tilfâz	*til-faa-z*	téléviseur
midhyâ'	*midh-yaa'*	radio
Sundûq	*Sou-n-doû-q*	coffre-fort
nâfidha	*naa-fi-dha*	fenêtre
tanZîf	*ta-n-Zii-f*	ménage

Comment marquer la possession

GRAMMAIRE

La possession est indiquée en français par des pronoms possessifs, comme dans « sa chambre », « son chat » ou « leur maison ». En arabe, ces pronoms sont suffixés aux noms dont ils dépendent.

D'autre part, en arabe, le genre du suffixe possessif s'accorde avec le référent (celui qui possède), au contraire du français, où le genre du possessif s'accorde avec le genre de l'objet possédé.

Ainsi, par exemple, pour dire « sa chambre » en faisant référence à un homme, on utilisera le mot **ghurfa** (chambre), auquel on ajoutera le suffixe correspondant à « son » ou à « sa », en l'occurrence, le suffixe **-hu**. Ainsi, « sa chambre » se dira **ghurfatuhu.** Remarquez que, le mot **ghurfa** se termine par **tâ' marbûTa**, qui est une marque de féminin. La lettre **tâ' marbûTa** à la fin d'un mot se prononce lorsque ce mot est suivi d'un autre qui lui est dépendant, comme pour **ghurfatu-hu**, ou **ghurfat al-funduq** (*ghour-fa-t l-foun-douq* ; la chambre de l'hôtel). Sinon, cette lettre est silencieuse : **al-ghurfa**, **al-ghurfa al-kabîra** (*al-ghour-fa al-kabii-ra* ; la grande chambre).

Pour dire « sa chambre » lorsque le référent est féminin, c'est-à-dire lorsque l'on parle d'une femme, on suivra la même règle, si ce n'est qu'au lieu d'ajouter le suffixe possessif masculin **-hu,** on ajoutera le suffixe possessif féminin **-hâ.** Au féminin, « sa chambre » devient **ghurfatu-hâ**. Pour dire « leur chambre », s'il s'agit d'un pluriel masculin, se dira **ghurfatu-hum** (**-hum** étant le suffixe possessif masculin pluriel). Au féminin, ce sera **ghurfatu-hunna** (on ajoute le suffixe possessif féminin pluriel **-hunna**).

Le tableau 6.1 présente tous les suffixes possessifs d'objet direct. Chaque fois que vous aurez un doute sur le suffixe possessif à utiliser, il vous suffira de le consulter.

TABLEAU 6.1 : Pronoms suffixes

Pronom sujet	Français	Pronom suffixe	Français
anâ	je/moi	**-î** (*ii*)	mon/ma
anta	tu/toi (M)	**-ka** (*ka*)	ton/ta
anti	tu/toi (F)	**-ki** (*ki*)	ton/ta (F)
huwa	il/lui	**-hu** (*hou*)	son/sa
hiya	elle	**-hâ** (*haa*)	son/sa
antumâ	vous (D)	**-kumâ** (*koumaa*)	votre (D)
humâ	ils (D)	**-humâ** (*houmaa*)	votre (D)
naHnu	nous	**-nâ** (*naa*)	notre
antum	vous (M)	**-kum** (*koum*)	votre (M)
antunna	vous (F)	**-kunna** (*koun-na*)	votre (F)
hum	ils (M)	**-hum** (*houm*)	leur (M)
hunna	elles	**-hunna** (*houn-na*)	leur (F)

Faire une réservation

Une fois que vous avez choisi le bon **funduq**, les **marâfiq** et la **ghurfa**, vous n'avez plus qu'à effectuer le **Hajz** (*Haj-z* ; réservation) ! À condition, cependant, d'être fixé sur la date et sur la durée de votre séjour, sur le type de **ghuraf**, sur le nombre de personnes et sur les tarifs. Ici, tous ces éléments sont abordés en détail. Vous serez bientôt fin prêt pour faire votre **Hajz** et pour préparer ainsi au mieux votre **safar** !

Consulter les tarifs

Avant d'effectuer votre Hajz, il faut que vous ayez réfléchi au **thaman** (*tha-ma-n* ; prix, tarif). Il existe heureusement des solutions selon les **imkâniyyât** (*i-m-kaa-niy-yaa-t* ; possibilités) de chacun. Si vous pouvez vous le permettre, faites votre **Hajz** dans un

funduq fâkhir (*foun-douq faa-khir* ; hôtel de luxe). Rien de tel qu'un cinq étoiles pour trouver toutes sortes de **marâfiq**, et pour être sûr d'être traité comme un prince : un **funduq fâkhir**, c'est presque toujours la garantie d'un grand moment. Si vous êtes **Tâlib** (*Taa-lib* ; étudiant) et si vos **imkâniyyât** sont limitées, votre choix se portera plutôt sur une **dâr al-chabâb** (*daa-r ch-chabaa-b* ; auberge de jeunesse). Les **marâfiq** n'y sont peut-être pas extraordinaires (douches en commun, salons communs), mais si vous comptez passer la plus grande partie de votre **waqt** (*waq-t* ; temps) dehors, qu'importe !

Au moment d'effectuer votre **Hajz**, n'oubliez pas de vérifier si vous ne pourriez pas bénéficier d'un **takhfîD** (*takh-fii-D* ; réduction) :

- **takhfîD li-al-majmû'ât** (*takh-fii-D li-l-maj-moû-'aa-t* ; réduction de groupe)
- **takhfîD fî awqât qillat-al-Haraka** (*takh-fii-D fii aw-qaa-t qil-la-t l-Haraka* ; réduction en période creuse)
- **takhfîD mawsimiyy** (*takh-fii-D maw-simiy-y* ; réduction saisonnière)

À propos du **thaman**, renseignez-vous sur les éventuels **ta'rîfât khâSSa** (*ta'-rii-faa-t khaa-S-Sa* ; tarifs spéciaux) que le **funduq** pourrait vous proposer (avec excursions par exemple). Un certain nombre d'hôtels proposent aujourd'hui ce genre de formule. Posez la question ! Ce serait dommage de manquer une bonne promotion !

Mots clés

mudda	*moud-da*	durée/période
dirham	*dir-ha-m*	dirham (devise de certains pays arabes)
mi'a	*mi-'a*	cent
mi'atâni	*mi-'ataa-ni*	deux cents
usbû'	*ou-s-boû-'*	semaine
asâbî'	*a-saa-bii-'*	semaines
takhfîD	*takh-fii-D*	réduction
takhfîDât	*takh-fii-Daa-t*	réductions
yawm	*yaw-m*	jour
ayyâm	*ay-yaa-m*	jours
baqiya/yabqâ	*baqiya/yab-qaa*	rester
bi	*bi*	avec, au moyen de
dafa'a/yadfa'u	*dafa-'a/yad-fa-'ou*	payer
nuqûd	*nou-qoû-d*	espèces/pièces
Sakk	*Sak-k*	chèque
biTâqa i'timâd	*biTaa-qa- t'-timaa-d*	carte de crédit

Préciser la durée du séjour

Obtenir une chambre d'un **funduq** qui vous convienne est aussi important que ne pas dépasser votre budget. On n'est pas toujours sûr de pouvoir choisir sa **ghurfa**, surtout pendant **mawsim al-'uTla** (*maw-si-m l- 'ouT-la* ; saison des vacances), c'est pourquoi il est conseillé d'effectuer un **Hajz** suffisamment à l'avance pour pouvoir obtenir la **ghurfa** souhaitée sur la bonne **mudda** (*moud-da* ; période).

Pour dire combien de temps vous allez séjourner au **funduq**, utilisez la formulation suivante : **li-muddat** (*li- moud-d-a-t*) puis la durée du séjour.

Ainsi, par exemple, pour dire que vous resterez « une semaine », vous direz : **li-muddat usbû'** (*li- moud-da-t ou-s-boû-'*). Voici d'autres exemples :

- » **li-muddat yawm** (*li- moud-da-t yaw-m* ; pour une journée)
- » **li-muddat chahr** (*li- moud-da-t chah-r* ; pour un mois)
- » **li-muddat usbû'ayn** (*li- moud-da-t ou-s-boû-'ay-n* ; pour deux semaines)
- » **li-muddat khamsat ayyâm** (*li- moud-da-t kham-sa-t ay-yaa-m* ; pour cinq jours)
- » **li-muddat 'acharat ayyâm** (*li- moud-da-t 'achara-t ay-yaa-m* ; pour dix jours)

Pour dire que vous y séjournerez de telle date à telle date, utilisez les prépositions **min** (*mi-n* ; de) et **ilâ** (*ilaa* ; à). Ainsi, par exemple, si vous restez « du lundi au jeudi », vous direz **min al-ithnayn ilâ al-khamîs** (*mi-na l-ith-nay-n i-laa l-khamii-s*).

Voici d'autres exemples :

- » **min al-'arbi'â' ilâ al-aHad** (*mi-na l-ar-bi-'aa-' ilaa l-ahad* ; du mercredi au dimanche)
- » **min al-'ichrîn yûlyû ilâ al-thalâthîn yûlyû** (*mi-na l-'ich-rii-n yoû-l-yoû ilaa th-thalaa- thii-n yoû-l-yoû* ; du 20 juillet au 30 juillet)

» **min ughusTus ilâ sibtambir** (*mi-n oughou-s-Tou-s ilaa sib-ta-m-bir* ; d'août à septembre)

À RETENIR

Le verbe « rester » se traduit par **baqiya** au **mâDî** (passé) et par **yabqâ** au **muDâri'** (inaccompli). Pour mettre un **fi'l** (*fi'-l* ; verbe) au **mustaqbal** (*mou-s-taq-bal* ; futur), il suffit d'utiliser le **fi'l** au **muDâri'** et d'ajouter le préfixe **sa-**. Ainsi, par exemple, pour dire « je resterai une semaine », vous direz **sa-abqâ usbû'an** (*sa-ab-qaa ou-s-boû-'a-n*).

Mots clés

fârigh	*faa-righ*	libre (M)
fârigha	*faa-righa*	libre (F)
'uTla	*'ouT-la*	vacances
sana	*sa-na*	année
nihâya	*ni-haa-ya*	fin
machghûl	*mach-ghoû-l*	occupé
machghûla	*mach-ghoû-la*	occupée
mu'ayyan	*mou-'ay-ya-n*	précis, particulier
mu'ayyana	*mou-'ay-ya-na*	précise, particulière
lâkin	*laa-ki-n*	mais

Ne pas se laisser subjuguer par le subjonctif

GRAMMAIRE

Il existe en arabe des verbes qui se construisent avec la particule **an** (*a-n* ; que) suivie du subjonctif. Parmi ces verbes, on compte **arâda/yurîdu** (*araa-da/yourii-dou* ; vouloir) **wajaba/yajibu** (*wajaba/yajibou* ; devoir), **istaTâ'a/yastaTî'u** (*is-taTaa-'a/yas-ta-Tii-'ou* ; pouvoir) et **aHabba/yuHibbu** (*aHab-ba/you-Hib-bou* ; aimer).

Voici comment on conjugue le verbe **yurîdu** au **muDâri'** (inaccompli) :

Forme	Prononciation	Français
urîdu	*ou-rii-dou*	Je veux
turîdu	*tou-rii-dou*	Tu veux (M)
turîdîna	*tou-rii-dii-na*	Tu veux (F)
yurîdu	*you-rii-dou*	Il veut
Forme	*Prononciation*	Français
turîdu	*tou-rii-dou*	Elle veut
turîdâni	*tou-rii-daa-ni*	Vous voulez (D)
yurîdâni	*you-rii-daa-ni*	Ils veulent (D)
turîdâni	*tou-rii-daa-ni*	Elles veulent (D)
nurîdu	*nou-rii-dou*	Nous voulons
turîdûna	*tou-rii-doû-na*	Vous voulez (M)
turidna	*tou-rid-na*	Vous voulez (F)
yurîdûna	*you-rii-doû-na*	Ils veulent
yuridna	*you-rid-na*	Elles veulent

Voici quelques exemples :

» **urîdu an adhhaba ilâ al-maktaba** (*ourii-dou a-n adh-haba ilaa -l-mak-tabah* ; je veux aller à la bibliothèque).

» **astaTî'u an af'ala dhâlika ghadan** (*as-taTii-'ou a-n af-'ala dhaa-lika ghada-n* ; je peux faire cela demain).

» **yajibu an taqra'a hâdhâ al-kitâb** (*yajibou a-n taq-ra-'a haa-dhaa l-kitaa-b* ; tu dois lire ce livre).

Le subjonctif est une forme du **muDâri'**. Il diffère de l'indicatif au niveau des terminaisons. Ainsi, par exemple, au **muDâri'** indicatif, le verbe **kataba** (*kataba* ; « écrire » au passé) devient **yaktubu** (*yak-tou-bou* ; écrire). La forme subjonctive de **yaktubu** est **yaktuba** (*yak-touba*), la **Damma** devenant une **fatHa**. Par conséquent, pour « je veux écrire », vous direz **urîdu an aktuba** (*ourii-dou a-n ak-touba*).

Pour que ce soit plus clair, voici le verbe « écrire » au subjonctif :

Forme	Prononciation	Français
aktuba	*ak-touba*	J'écrive
taktuba	*tak-touba*	Tu écrives (M)
taktubî	*tak-toubii*	Tu écrives (F)
yaktuba	*yak-touba*	Il écrive
taktuba	*tak-touba*	Elle écrive
taktubâ	*tak-toubaa*	Vous écriviez (D)
yaktubâ	*yak-toubaa*	Ils écrivent (D)
taktubâ	*tak-toubaa*	Elles écrivent (D)
naktuba	*nak-touba*	Nous écrivions
taktubû	*tak-touboû*	Vous écriviez (M)
taktubna	*tak-toub-na*	Vous écriviez (F)
yaktubû	*yak-touboû*	Ils écrivent
yaktubna	*yak-toub-na*	Elles écrivent

À RETENIR

Remarquez que deux terminaisons sont les mêmes qu'à l'indicatif. Il s'agit des formes des 2e et 3e personnes féminin pluriel : **taktubna** et **yaktubna**.

Les formalités d'arrivée

Une fois arrivé à votre **funduq** après un long **safar**, peut-être n'avez-vous qu'une idée en tête : vous retrouver dans votre **ghurfa**, vous jeter sur le **sarîr** et vous détendre un petit moment ! Or, vous ne pouvez pas différer les formalités d'arrivée. Ici, vous apprendrez le vocabulaire et les expressions qui vous permettront d'accomplir ces formalités sans trop d'effort.

Si vous aviez effectué un **Hajz**, demandez au **muDîf** (*mouDii-f* ; réceptionniste) davantage de **ma'lûmât** (*ma'-loû-maa-t* ; informations) sur votre **ghurfa**, Si vous n'aviez pas effectué de **Hajz**, demandez s'il y a des chambres libres : **ghuraf fârigha** (*ghouraf faa-righa*).

Voici les mots que vous aurez peut-être besoin d'utiliser :

- **miftâH** (*mif-taa-H* ; clé)
- **miftâH al-ghurfa** (*mif-taa-H l-ghour-fa* ; clé de la chambre)
- **amti'a** (*am-ti-'a* ; bagages)
- **chanTa** (*cha-n-Ta* ; sac)
- **Haqîba** (*Haqii-ba* ; valise)
- **miHfaZa** (*miH-faZa* ; mallette *ou* portefeuille)
- **Tâbiq** (*Taa-biq* ; étage)
- **miS'ad** (*miS-'ad* ; ascenseur)
- **istiqbâl** (*is-tiq-baa-l* ; accueil, réception)
- **muDîf** (*mouDii-f* ; standardiste/réceptionniste) (M)
- **muDîfa** (*mouDii-fa* ; standardiste/réceptionniste) (F)
- **bawwâb** (*baw-waa-b* ; concierge) (M)
- **maDmûn** (*maD-moû-n* ; inclus)

Dans vos conversations avec le personnel du **funduq**, les expressions suivantes ont des chances d'être utilisées :

- **hal al-fuTûr maDmûn fî thaman al-ghurfa ?** (*hal al-fou-Toûr maD-moû-n fii thama-n l-ghour-fa* ; le petit déjeuner est-il inclus dans le prix de la chambre ?)
- **fî ayy sâ'a yabda'u al-fuTûr ?** (*fii ay-y saa-'a yab-da-'ou l-fou-Toû-r* ; à quelle heure débute le petit déjeuner ?)
- **fî ayy sâ'a yantahî al-fuTûr ?** (*fii ay-y saa-'a yan-ta-hii l-fouToû-r* ; à quelle heure se termine le petit déjeuner ?)
- **hal hunâka rasâ'il lî ?** (*hal hounaa-ka ra-saa-il lii* ; y a-t-il des messages pour moi ?)
- **mumkin an tunabbihûnî fî al-sâ'a al-sâbi'a ?** (*moum-ki-n a-n tounab-bihoû-nii fii s-saa-'a s-saa-bi-'a* ; est-il possible de me réveiller à sept heures ?)

Les formalités de départ

Votre séjour se termine. Demandez à **al-istiqbâl : ilâ ayy sâ'a yumkinu-nî an abqâ fî al-ghourfa ?** (*ilaa ay-y saa-'a youm-kinou-n-ii a-n abqaa fii l-ghour-fa* ; jusqu'à quelle heure puis-je rester dans la chambre ?) En général, c'est midi...

Avant de quitter votre **funduq**, vérifiez bien que vous avez retiré tous vos **amti'a** de la **ghurfa**, et vérifiez la **fâtûra** (*faa-toû-ra* ; facture). Voici ce que vous pouvez avoir comme suppléments à payer :

- **fâtûra al-hâtif** (*faa-toû-ra l-haa-tif* ; facture de téléphone)

- **fâtûra at-tilfâz** (*faa-toû-ra t-til-faa-z* ; facture de télévision payante)
- **fâtûra aT-Ta'âm** (*faa-toû-ra T-Ta-'aa-m* ; facture de restaurant)

Lorsque vous réglez votre **fâtûra**, on vous donne généralement un **îSâl** (*ii-Saa-l* ; reçu), qui peut vous être utile en cas de réclamation ou pour vous faire rembourser vos frais de déplacements.

Chapitre 7

Se présenter et faire connaissance

DANS CE CHAPITRE :

» **Échanger des civilités**

» **Se présenter**

» **Parler des pays et des nationalités**

» **Parler famille, météo et occupations**

» **Les jours et les mois**

Il convient de ne pas sous-estimer l'importance des civilités dans la culture arabe. Au Proche-Orient, la première impression compte énormément, et connaître l'arabe, c'est maîtriser notamment les nuances verbales et non verbales des civilités.

Dans ce chapitre, vous allez apprendre à échanger des civilités en arabe, à répondre à des salutations et à échanger quelques mots avec les arabophones. Vous apprendrez à utiliser avec pertinence des termes formels et informels, à participer à de petits dialogues et à vous présenter. **HaZZ sa 'îd !** (*haZ-Z sa- 'ii-d* ; bonne chance !)

Saluez !

En arabe, il faut choisir entre les salutations formelles et les salutations informelles. Tout dépend à qui vous vous adressez : si vous vous adressez pour la première fois à quelqu'un que vous ne connaissez pas, vous devez utiliser les salutations formelles. Au contraire, si vous rencontrez un ami de toujours ou un collègue que vous connaissez bien, sentez-vous libre de choisir les salutations informelles. Dans le doute, choisissez plutôt les salutations formelles. Dans cette section, les deux formes de salutations sont présentées, ainsi que quelques exemples de civilités.

Dire bonjour…

En arabe, les salutations formelles consistent à dire **as-salâmu 'alaykum** (*as-salaa-mou 'alay-koum*). C'est l'équivalent de « Bonjour », mais cela signifie littéralement « Que la paix soit sur vous ». L'arabe est une langue très poétique, aussi vous faudra-t-il vous habituer au côté souvent descriptif des expressions courantes !

Dire **as-salâmu 'alaykum** est de circonstance dans les situations suivantes :

- Vous rencontrez un partenaire éventuel en affaires.
- Vous participez à un événement formel : réception, dîner, gala.
- Vous rencontrez quelqu'un pour la première fois.

La réponse la plus courante à **as-salâmu 'alaykum** est : **wa 'alaykum as-salâm** (*wa 'alay-koum s-salaa-m* ; et sur vous la paix).

L'expression **ahlan wa sahlan** (*ah-la-n wa sa-h-la-n*) est un moyen très informel de saluer une personne ou un groupe. C'est un peu l'équivalent de « Salut ». Si l'on vous dit **ahlan wa sahlan**, vous devez répondre : **ahlan wa sahlan**.

Dire **ahlan wa sahlan** est approprié dans les situations suivantes :

- » Vous rencontrez un vieil ami.
- » Vous rencontrez un membre de votre famille.
- » Vous saluez quelqu'un dans des circonstances informelles, par exemple à un déjeuner familial.

Si **ahlan wa sahlan** est une des façons les plus amicales et les plus informelles de saluer en arabe, vous pouvez aussi saluer quelqu'un que vous connaissez bien, par exemple un ami proche ou un parent, d'un simple **ahlan !** Dans la mesure où il s'agit là du moyen le plus informel de saluer quelqu'un en arabe, prenez garde à n'utiliser cette formule que lorsque vous vous adressez à des personnes avec lesquelles vous êtes suffisamment familier : dans le cas contraire, vous risqueriez de passer pour un grossier personnage, malgré vos efforts pour être aimable ! (Les salutations non verbales font aussi mauvais effet : voir l'encadré « Pour que vos jeux de mains ne soient pas des jeux de vilain ».)

... et dire au revoir

En arabe, dire au revoir est un peu plus simple : on ne distingue pas une manière formelle et une manière informelle. Voici les formules les plus courantes :

- » **ma'a as-salâma** (*ma-'a s-salaa-ma* ; littéralement « qu'il ne vous arrive rien », au revoir).
- » **ilâ al-liqâ'** (*ilaa l-liqaa-'* ; à la prochaine, au revoir).
- » **ilâ al-ghad** (*ilaa l-ghad* ; à demain).

« Comment ça va ? »

Une fois que vous avez dit bonjour, en utilisant la formule **ahlan wa sahlan** ou **as-salâmu 'alaykum**, il s'agit de demander à votre interlocuteur comment il se porte.

La formule la plus courante est **kayfa al-Hâl ?** (*kay-fa l-Haa-l*). Le mot **Hâl** signifie « état » (état dans lequel on se trouve, situation, état de santé...) et **kayfa** signifie « comment ». L'expression française correspondante est naturellement : « comment ça va ? ».

L'expression **kayfa al-Hâl ?** est neutre, mais on peut personnaliser la question en introduisant des pronoms dits « affixes », car ils sont suffixés au mot dont ils dépendent :

- Quand vous vous adressez à un homme, dites **kayfa Hâluka ?** (*kayfa Haa-louka*).
- Quand vous vous adressez à une femme, dites **kayfa Hâluki ?** (*kayfa Haa-louki*).

Vous avez pu observer que l'on a suffixé au mot **Hâl** le pronom **-ka** , qui signifie « toi », ou « ton », au masculin, puis le pronom **-ki** , qui signifie aussi « toi », « ton », mais au féminin. La formule **kayfa Hâluki ?**, qui se traduit par « comment vas-tu ? » (on s'adresse ici à une fille), est effectivement plus personnelle que **kayfa al-Hâl ?** (Comment ça va ?).

« Ça va bien ! »

Quand on vous demande comment vous allez, si vous allez bien, vous avez deux réponses possibles : **bi-khayr** (*bi-khay-r* ; bien), ou **al-Hamdu li-llâh** (*al-Ham-dou* *lil-laa-h* ; Dieu soit loué). Vous vous apercevrez très vite que dans toutes sortes de situations, on invoque volontiers Allah, et qu'un certain nombre d'expressions d'usage courant contiennent des références à la religion, très présente dans la vie quotidienne des Arabes.

CULTURE

POUR QUE VOS JEUX DE MAINS NE SOIENT PAS DES JEUX DE VILAINS

S'il vous faut tout d'abord acquérir les premières bases de la langue des gens avec qui vous comptez avoir des échanges, il vous faut aussi comprendre certains signes non verbaux qui peuvent être tout aussi chargés de sens que les mots. Ainsi, par exemple, quand vous serrez la main à quelqu'un, évitez de trop la serrer. Dans certains pays occidentaux, serrer la main vigoureusement est une façon d'exprimer la confiance ou l'enthousiasme. Cependant, dans la plupart des pays arabes, une poignée de main vigoureuse est considérée comme un acte d'hostilité caractérisée ! L'idée est que l'on ne fait usage de la force que contre ses adversaires. Par conséquent, dans le monde arabe, la manière la plus acceptable de serrer la main est de présenter une main amicale et point trop ferme.

À RETENIR

Les salutations ne sont terminées que si elles ont été réciproques. Aussi, après avoir répondu **al-Hamdu li-llâh**, après lequel vous pourrez avoir rajouté **chukran** (*chouk-ra-n*), il faut que vous demandiez à votre interlocuteur comment il se porte :

- Quand vous vous adressez à un homme, dites **wa anta kayfa al-Hâl ?** (*wa an-ta kay-fa l-Haa-l* ; et vous, comment allez-vous ?)
- Quand vous vous adressez à une femme, dites **wa anti kayfa al-Hâl ?** (*wa an-ti kay-fa l-Haa-l* ; et vous, comment allez-vous ?)

Les présentations

Engager une conversation avec quelqu'un sans que les présentations aient été faites est pour le moins inélégant. Il est toutefois possible de se rattraper, à condition de connaître quelques expressions-clés. Vous allez maintenant apprendre comment demander à votre interlocuteur de vous dire son nom et comment lui dire le vôtre. Ce sera une de vos leçons de grammaire arabe les plus faciles !

« Puis-je savoir votre nom ? »

Dans la section qui précède, nous avons vu les salutations. Le moment est venu de faire les présentations. La tâche est relativement facile, puisque vous n'avez que deux mots à connaître : **ism** (nom) et **mâ** (que, quoi). Si vous avez affaire à un homme, vous lui demanderez : **mâ ismuka ?** (*maa s-mouka* ; comment t'appelles-tu ? (M)). À une femme, vous demanderez : **mâ ismuki ?** (*maa s-mou-ki* ; comment t'appelles-tu ?). Rappelez-vous que le vouvoiement en arabe n'est utilisé que dans des situations particulièrement solennelles. N'hésitez donc pas à tutoyer des personnes que vous ne connaissez pas, cela ne passera pas du tout pour de l'impolitesse.

TRUC

Vous pouvez aussi dire **maa ismuk** (sans prononcer la voyelle finale, qui indique le masculin ou le féminin) : cela donne à l'expression un aspect plus neutre, tout à fait acceptable.

« Je m'appelle... »

Pour se nommer en arabe, on utilise la formule « mon nom est ... », comme la formule anglaise « *my name is...* ». Et – quelle chance – la forme possessive est une des leçons d'arabe les plus faciles : pour dire « mon nom », il suffit d'ajouter le suffixe **î** à **ism** ; on obtient **ismî** (*is-mii*). Ainsi, par exemple, pour dire « Je m'appelle Éric», on dit tout simplement **ismî îrîc**. Facile, non ?

« Ravi de vous rencontrer ! »

Lorsque quelqu'un se présente, il est poli de répondre **tacharrafnâ** (*tachar-raf-naa* ; honoré). Une expression moins formelle est **ahlan wa sahlan** (*ah-la-n wa sah-la-n* ; enchanté).

Dans **tacharrafnâ**, il y a **charaf**, qui signifie « honneur ». Cependant, dire **tacharrafnâ** à quelqu'un n'a pas une tonalité aussi solennelle que l'expression française « très honoré ». Il faut le comprendre au sens de « enchanté », ou « c'est un plaisir de vous rencontrer ».

À RETENIR

L'expression **ahlan wa sahlan** a donc deux sens différents. Lorsque vous saluez quelqu'un, elle signifie « bonjour » ou « salut » (pour plus de précisions, voir la section « Dire bonjour », précédemment dans ce chapitre). Mais, employée en réponse à quelqu'un qui vient de se présenter à vous, elle veut dire « enchanté ».

Parler pays et nationalités

Vous savez à présent dire bonjour, demander à quelqu'un comment il s'appelle et vous présenter. Et si vous souhaitiez faire plus ample connaissance avec quelqu'un, bavarder un peu, lui demander d'où il vient ? Il vous faut alors dans votre bagage linguistique, posséder quelques mots et expressions-clés qui permettent d'aborder le sujet des origines, de l'appartenance à tel ou tel pays, etc.

« D'où venez-vous ? »

Pour demander à un homme d'où il vient, vous poserez la question : **min ayna anta ?** (*mi-n ay-na an-ta*). Pour poser cette question à une femme, vous direz en revanche : **min ayna anti ?** (*mi-n ay-na an-ti*).

Si vous voulez demander à un homme s'il est originaire de tel ou tel endroit, par exemple de France, vous direz : **hal anta min firansâ ?** (*hal an-ta mi-n fira-n-saa* ; êtes-vous originaire de France ?). Pour poser la même question à une femme, vous remplacerez tout simplement **anta** par **anti**.

« Je viens de ... »

Pour dire « Je viens de ... », vous utiliserez la préposition **min** (de) et le pronom personnel **anâ** (je/moi). Ainsi, « Je viens de France » se dira : **anâ min firansâ**. Pas plus compliqué !

Au lieu de dire que l'on vient de tel ou tel pays, on peut répondre en renseignant sur sa nationalité, en formant une phrase de type « je suis français ». Il suffit pour cela de transformer le nom du pays en adjectif (France

=> français). En arabe, cela se fait en suffixant **iyy** (*iy-y*) pour le masculin, et **iyya** (*iy-ya*) pour le féminin, au nom du pays. Ce suffixe est utilisé pour nommer les nationalités, mais aussi, d'une manière générale, pour former un adjectif à partir de certains mots. Ainsi on peut former l'adjectif **insâniyy** (*in-saa-niy-y* ; humain) à partir du nom commun **insân** (*in-saa-n* ; être humain). On appelle cette sorte d'adjectifs des *adjectifs de relation*.

Le tableau 7.1 vous dresse un inventaire des différents pays d'où votre interlocuteur arabe pourrait venir, avec les nationalités correspondantes.

TABLEAU 7.1 : Noms de pays et nationalités en arabe

Pays/Nationalité	Prononciation	Français
al-maghrib	*al-magh-rib*	Maroc
maghribiyy	*magh-ri-biy-y*	marocain
maghribiyya	*magh-ri-biy-ya*	marocaine
al-jazâ'ir	*al-jazaa-'ir*	Algérie
jazâ'iriyy	*jazaa-'iriy-y*	algérien
jazâ'iriiyya	*jazaa-'iriy-ya*	algérienne
tûnis	*toû-ni-s*	Tunisie
tûnisiyy	*toû-ni-siyy*	tunisien
tûnisiyya	*toû-ni-siy-ya*	tunisienne
miSr	*miS-r*	Égypte
miSriyy	*miS-riy-y*	égyptien
miSriyya	*miS-riy-ya*	égyptienne
al-'irâq	*al- 'iraa-q*	Irak
'irâqiyy	*'iraa-qiy-y*	irakien
'irâqiyya	*'iraa-qiy-ya*	irakienne
as-sa'ûdiyya	*as-sa- 'oû-diy-ya*	Arabie Saoudite
sa 'ûdiyy	*sa- 'oû-diy-y*	saoudien

Pays/Nationalité	Prononciation	Français
sa 'ûdiyya	*sa- 'oû-diy-ya*	saoudienne
firansâ	*fira-n-saa*	France
firansiyy	*fira-n-siy-y*	français
firansiyya	*fira-n-siy-ya*	française
amîrikâ	*amii-rikaa*	Amérique/États-Unis
amîrikiyy	*amii-rikiy-y*	américain
amîrikiyya	*'amii-rikiy-ya*	américaine
baljîkâ	*bal-jii-kaa*	Belgique
baljîkiyy	*bal-jii-kiy-y*	belge (M)
baljîkiyya	*bal-jii-kiy-ya*	belge (F)
swîsrâ	*swii-sraa*	Suisse (pays)
swîsriyy	*swii-sriy-y*	suisse (nationalité ; M)
swîsriyya	*swii-sriy-ya*	suisse (nationalité ; F)
kanadâ	*kanadaa*	Canada
kanadiyy	*kanadiy-y*	canadien
kanadiyya	*kanadiy-ya*	canadienne

Pour former un adjectif de relation à partir d'un pays qui se termine par **alif**, on supprime **alif** et on accole **iyy** immédiatement après la lettre précédente. Ainsi pour **firansâ**, dont l'adjectif de relation correspondant est : **firansiyy**.

« Je viens du Maroc » se dira donc **anâ min al-maghrib** (*anaa min al-magh-rib*). Mais on peut dire aussi **anâ maghribiyy** (*anaa magh-ribiy-y* ; je suis marocain).

Mots clés

as-salâmu 'alaykum	*as-salaa-m 'alay-koum*	Bonjour
wa 'alaykum as-salâm	*wa 'alay-koum s-salaa-m*	Bonjour (en réponse au précédent)
ahlan wa sahlan	*ah-la-n wa sa-h-la-n*	Salut ; ou ravi(e) de te rencontrer, selon le contexte
al-Hamdu li-llâh	*al Ham-dou lil-laa-h*	Dieu soit loué (souvent employé pour dire que l'on va bien)
ism	*is-m*	nom
ismî	*is-mii*	mon nom
anâ	*anaa*	moi/je
anta	*an-ta*	tu/toi (M)
anti	*an-ti*	tu/toi (F)
SabâH al-khayr	*Sabaa-H al-khay-r*	bonjour (le matin)
masâ'u l-khayr'	*ma-saa-'ou l-kay-r*	bonsoir
layla sa 'îda	*lay-la sa 'iida*	bonne nuit
ilâ al-liqâ'	*ilaa l-liqaa-'*	au revoir, à la prochaine

Les questions essentielles

kalâm khafîf (*kalaa-m kha-fii-f* ; propos banals, littéralement « propos légers »), voilà ce que l'on ne saurait négliger quand on rencontre des arabophones. Même lors d'une première rencontre, introduire du **kalâm khafîf** dans la conversation fait partie des règles d'« **adab** » (*adab* ; bienséance) : une fois que vous savez quel est leur

ism (*is-m* ; nom), vous allez chercher à en savoir un peu plus sur eux : d'où ils sont originaires et ce qu'ils font. Le recours au **kalâm khafîf**, c'est une façon d'en savoir un peu plus et, aussi, d'en dire un peu plus sur vous-même. Il peut aussi y avoir du **kalâm khafîf** entre des personnes qui se connaissent mais qui préfèrent échanger des banalités pour éviter des silences qui les mettraient mal à l'aise ! Quoi qu'il en soit, le **kalâm khafîf** est une chose qu'il importe de savoir pratiquer.

Un bon moyen d'entamer une conversation est de poser un **su'âl** (*sou-'aa-l* ; question). Voici les éléments qui vous permettront de poser vos premières questions en arabe :

- **man ?** (*ma-n* ; qui ?)
- **ayna ?** (*ay-na* ; où ?)
- **matâ ?** (*mataa* ; quand ?)
- **mâ ?** (*maa* ; quoi ?)
- **mâdhâ ?** (*maa-dhaa* ; quoi ?) (utilisé avec les verbes)
- **li mâdhâ ?** (*li maa-dhaa* ; pourquoi ?)
- **kayfa ?** (*kay-fa* ; comment ?)
- **kam ?** (*ka-m* ; combien ?)
- **bikam ?** (*bika-m* ; combien ?) (pour connaître le prix de quelque chose)

Vous pouvez utiliser ces pronoms interrogatifs pour poser des questions plus précises. Voici quelques exemples :

- **mâ ismuka ?** (*maa s-mou-ka* ; comment t'appelles-tu ?) (M)
- **mâ ismuki** ? (*maa s-mou-ki* ; comment t'appelles-tu ?) (F)

» **mâdhâ ta 'mal ?** (*maa-dhaa ta '-mal* ; que fais-tu [dans la vie] ?) (M)

» **mâdhâ ta 'malîna ?** (*maa-dhaa ta '-malii-na* ; que fais-tu [dans la vie] ?) (F)

» **min ayna anta ?** (*mi-n ay-na an-ta* ; d'où viens-tu ?) (M)

» **min ayna anti ?** (*mi-n a-yna an-ti* ; d'où viens-tu ?) (F)

» **mâdhâ yaktub ?** (*maa-dhaa yak-toub* ; qu'est-il en train d'écrire ?)

» **mâdhâ yaf 'al ?** (*maa-dhaa yaf- 'ul* ; qu'est ce qu'il est en train de faire ?)

» **hal tuHibbu al-qirâ'a ?** (*hal tou-Hib-bou l-qiraa-'a* ; est-ce que tu aimes lire ?) (M)

» **hal hâdhâ kitâbuka ?** (*hal haa-dhaa ki-taa-bou-ka* ; est-ce ton livre ?)

» **ayna maHaTTatu al-qiTâr ?** (*ay-na maHaT-Tatou l-qiTaa-r* ; où est la gare ferroviaire ?)

» **ayna maHaTTatu al-Hâfilât ?** (*ay-na maHaT-TaTou l-Haa-filaa-t* ; où est la gare routière ?)

» **matâ satadhhab ilâ al-maTâr ?** (*mataa satadh-hab i-laa l-ma-Taa-r* ; quand ira-t-elle à l'aéroport ?)

» **ayna aHsan maT 'am ?** (*ay-na aH-sa-n maT 'a-m* ; où est le meilleur restaurant ?)

» **li mâdhâ dhahabta ilâ as-sûq ?** (*li maa-dhaa dha-hab-ta ilaa s-soûq* ; pourquoi es-tu allé au marché ?) (M)

Remarquez l'opposition masculin/féminin à la deuxième personne, ce qui n'existe pas en français. Ainsi, par exemple, **kitâbuka** (*kitaa-bouka*) signifie « ton livre » pour un possesseur du livre masculin, tandis que **kitâbuki** (*kitaa-bouki*), qui signifie aussi « ton livre », désigne un possesseur féminin.

Mots clés

Tâlib	*Taa-lib*	étudiant
tilmîdh	*til-mii-dh*	élève (M)
ustâdh	*ous-taa-dh*	professeur
mudarris	*mou-dar-ri-s*	instituteur
jâmi 'a	*jaa-mi- 'a*	université
kulliyya	*koul-liy-ya*	faculté
sana	*sana*	année
awwal	*aw-wal*	premier
ûlâ	*oû-laa*	première
sana ûlâ	*sana oû-laa*	première année

Parler de soi et de sa famille

Quand vous rencontrez quelqu'un pour la première fois, vous avez envie d'en savoir un peu plus sur lui que son nom. Un bon moyen pour cela consiste à lui poser des questions sur sa **'â'ila** (*'aa-'ila* ; famille). La famille est un des meilleurs sujets de conversation : un sujet qui éveille l'intérêt et qui est inépuisable. Le tableau 7.2 présente une liste des membres de la famille dont il pourra être question dans une conversation.

TABLEAU 7.2 : Toute la famille

Arabe	Prononciation	Français
ab	*ab*	père
umm	*oum-m*	mère
ahl	*a-h-l*	parents
ibn	*ib-n*	fils
bint	*bi-n-t*	fille
awlâd	*aw-laa-d*	enfants
zawj	*zaw-j*	mari
zawja	*zaw-ja*	épouse
akh	*akh*	frère
ukht	*oukh-t*	sœur
jadd	*jad-d*	grand-père
jadda	*jad-da*	grand-mère
Hafîd	*Hafii-d*	petit-fils
Hafîda	*Hafii-da*	petite-fille
amm	*'am-m*	oncle paternel
amma	*'am-ma*	tante paternelle
khâl	*khaa-l*	oncle maternel
khâla	*khaa-la*	tante maternelle
ibn al- 'amm	*ib-n al- 'am-m*	cousin (du côté du père)
bint al- 'amm	*bin-t al- 'am-m*	cousine (du côté du père)
ibn al-khâl	*ib-n al-khaa-l*	cousin (du côté de la mère)
bint al-khâl	*bin-t al-khaa-l*	cousine (du côté de la mère)
ahl al-zawj	*ah-l az-zaw-j*	beaux-parents (parents du mari)
ahl al-zawja	*ah-l az-zaw-ja*	beaux-parents (parents de l'épouse)
Ham	*Ha-m*	beau-père (père du conjoint)
Hamât	*Hamaa-t*	belle-mère (mère du conjoint)

Arabe	Prononciation	Français
Sihr	*Sih-r*	gendre
kanna	*kan-na*	bru
silf	*sil-f*	beau-frère
silfa	*sil-fa*	belle-sœur

Mots clés

ziyâra	*ziyaa-ra*	visite/visiter
azûru	*azoû-rou*	je visite
safar	*safar*	voyage
sa 'îd	*sa- 'ii-d*	heureux
kadhâlika	*kadhaa-lika*	de même/pareillement

Discuter des métiers

En général, vous pouvez en savoir davantage sur une personne lorsqu'elle vous parle de sa **mihna** (*mi-h-na* ; profession). Les gens s'identifient souvent à leur activité professionnelle, c'est pourquoi il est particulièrement important d'être capable de tenir des propos banals sur ce sujet.

GRAMMAIRE

Pour interroger quelqu'un sur sa vie professionnelle, plusieurs questions s'offrent à vous :

» **mâ mihnatuka ?** (*maa mi-h-natou-ka* ; quelle est votre profession ?) (M)

» **mâ mihnatuki ?** (*maa mi-h-natou-ki* ; quelle est votre profession ?) (F)

» **ayna ta 'mal ?** (*ay-na ta '-mal* ; où travaillez-vous ?) (M)

» **ayna ta 'malîna ?** (*ay-na ta '-malii-na* ; où travaillez-vous ?) (F)

CULTURE

L'IMPORTANCE DE LA FAMILLE DANS LA CULTURE ARABE

Dans la société et la culture arabes, la famille – **'â'ila** ou **usra** (*'aa-'ila* ou *ou-s-ra*) – joue un rôle très important. Sa structure n'est pas la même que celle de la cellule familiale occidentale traditionnelle. En fait, la notion de **usra**, plus large peut-être que celle de **'â'ila**, est bien plus étendue que la notion de famille dans les pays occidentaux. La référence habituelle en Occident est la famille nucléaire, généralement constituée des deux parents et de leurs enfants, alors que le terme usra fait référence à un réseau familial comprenant les parents, les enfants, les grands-parents mais aussi les oncles, les tantes et les cousins.

Dans le monde arabe, il n'est pas rare que les enfants d'un foyer vivent non seulement avec leurs parents, mais aussi avec leurs oncles, tantes, cousins et grands-parents. Dans la culture arabe, la famille immédiate comprend souvent les cousins de deuxième et de troisième degré ! Par ailleurs, la notion de descendance revêt une grande importance, de sorte que l'on fait la distinction entre les cousins du côté de la mère (**ibn al-khâl** ; *ib-al-khaa-l*) et les cousins du côté du père (**ibn al-'amm** ; *ib-nl-'am-m*). Par conséquent, si vous parlez famille avec un Arabe, vous pouvez être sûr que la conversation ne se tarira pas de sitôt !

Le tableau 7.3 présente une liste de noms de métiers très courants.

Tableau 7.3 : Métiers

Arabe	Prononciation	Français
maSrifiyy	*maS-rifiy-y*	banquier
SiHâfiyy	*SiHaa-fiy-y*	journaliste (M)
kâtib	*kaa-tib*	écrivain
mumaththil	*moumath-thil*	acteur
muhandis	*mou-ha-n-di-s*	ingénieur
Tabîb	*Tabii-b*	médecin (M)
fannân	*fan-naa-n*	artiste (M)
mughannî	*mou-ghan-nii*	chanteur
mutarjim	*moutar-jim*	traducteur
mumarriD	*moumar-riD*	infirmier
muHâmî	*mouHaa-mii*	avocat
Tabbâkh	*Tab-baa-kh*	cuisinier
tâjir	*taa-jir*	commerçant
muHâsib	*mouHaa-sib*	comptable (M)
simsâr	*sim-saar*	courtier
Hallâq	*Hal-laa-q*	coiffeur/barbier
fallâH	*fal-laa-H*	agriculteur
râqiS	*raa-qiS*	danseur
churTiyy	*chour-Tiy-y*	agent de police
iTfâ'iyy	*iT-faa-'iy-y*	pompier
rajul a 'mâl	*rajoul a '-maa-l*	homme d'affaires

Dans ce tableau, seule la forme masculine de chaque métier est présentée. La bonne nouvelle, c'est que pour passer à la forme féminine, il suffit d'ajouter le son « **a** » à la fin. Ainsi, par exemple, pour dire

« traductrice », vous ajouterez « **a** » à **mutarjim**, ce qui donne **mutarjima** (*moutar-jima*).

Les hobbies

Les **hiwâyât** (*hi-waa-yaa-t* ; hobbies, loisirs), voilà encore un grand sujet de **kalâm khafîf**. Qui n'a pas de hobby ? Par définition, le hobby est une passion : vous pouvez donc être sûr que votre interlocuteur sera ravi de vous parler de son hobby ! Les gens aiment parler de ce qui les passionne, c'est pourquoi il faut que vous soyez capable de lancer la conversation sur ce sujet. Voici quelques exemples d'activités pouvant être des **hiwâyât** :

- **raqS** (*raq-S* ; danse)
- **ghinâ'** (*ghinaa-'* ; chant)
- **kurat al-qadam** (*koura-t al-qada-m* ; football)
- **qirâ'a** (*qiraa- 'a* ; lecture)
- **darrâja** (*dar-raa-ja* ; bicyclette)
- **Tayyârat waraq** (*Tay-yaa-rat waraq* ; cerf-volant)
- **Jam ' al-Tawâbi '** (*Jam- ' at-Tawaa-bi- '* ; collectionner les timbres)
- **sibâHa** (*sibaa-Ha* ; natation)

Briser la glace en parlant météo

Pour faire la conversation à un ami ou à un étranger, rien de tel que de parler du **Taqs** (*Taq-s* ; le temps). Vous utiliserez les mots suivants :

- **chams** (*cham-s* ; soleil)
- **maTar** (*maTar* ; pluie)

- **ra 'd** (*ra '-d* ; tonnerre)
- **barq** (*bar-q* ; éclair)
- **suHub** (*souHoub* ; nuages)
- **Harâra** (*Haraa-ra* ; température, chaleur)
- **daraja** (*daraja* ; degré)
- **bârid** (*baa-ri-d* ; froid)
- **Hârr** (*Haar-r* ; chaud)
- **ruTûba** (*rouToû-ba* ; humidité)
- **rîH** (*rii-H* ; vent)
- **'âSifa** (*'aa-Sifa* ; tempête)
- **thalj** (*thal-j* ; neige)
- **qaws quzaH** (*qaw-s qouzaH* ; arc-en-ciel)

À RETENIR

Si vous voulez parler de la température et dire « il fait x degrés », il vous faudra utiliser la syntaxe suivante : **darajat al-Harâra** ... Ainsi, par exemple, **darajat al Harâra 35** (*daraja-t l-Haraa-ra kha-m-s wa thallaa-thoû-m daraja*) signifie « il fait 35 degrés ».

Le temps qu'il fait est un sujet de conversation quasiment universel. Voici quelques expressions que vous pourrez utiliser pour parler du **Taqs** :

- **hal sayanzil al maTar al-yawm ?** (*hal saya-n-zil al- maTar al-yaw-m* ; est-ce qu'il va pleuvoir aujourd'hui ?)
- **al-yawm Hârr** (*al-yaw-m Haar-r* ; il fait chaud aujourd'hui).
- **aSbaHa-al-jaww bâridan faj'atan** (*aSbaha l-jaw-w baa-rida-n faj-ata-n* ; il fait froid tout à coup).

» **hal sayabqâ aT-Taqs hâkadhâ al-usbû' kullahu ?** (*hal sayab-qaa T-Taq-s haa-kadhaa al-ous-boû-' koul-la-hou* ; le temps restera-t-il ainsi toute la semaine ?)

CULTURE

LA PLUIE, ENFIN !

Au Moyen-Orient comme au Maghreb, l'arrivée de la pluie est un des moments les plus heureux de l'année. C'est que, dans ces pays chauds dotés de régions désertiques, les pluies sont rares. Vous entendrez rarement des gens se plaindre de la pluie en arabe. Au contraire ! Il existe même une chanson joyeuse pour accueillir la pluie, que chantent les paysans et les enfants : **ah chta-ta-ta-ta-ta / awlâd al-Harâta ; Sabbi, Sabbi, Sabbi / al-awlâd fî qubbî** (*ah ch-ta-ta-ta-ta/aw-laa-d l-Haraa-ta ; Sab-bi, Sab-bi, Sab-bi/al-awlaa-d fii qoub-bii* ; Ô pluie, pluie, pluie, pluie, pluie / Enfants du laboureur ; verse, verse, verse / Les enfants sont dans la poche de ma djellaba). La djellaba est un vêtement long porté par les paysans arabes. Elle n'est tout de même pas assez ample pour que des enfants puissent y trouver abri, mais elle symbolise la protection contre la pluie.

Il serait difficile de parler du temps sans parler des **fuSûl** (*fouSoû-l* ; saisons) :

» **Sayf** (*Say-f* ; été)

» **kharîf** (*kharii-f* ; automne)

» **chitâ'** (*chitaa -'* ; hiver)

» **rabî '** (*rabii-'* ; printemps)

CULTURE

Dans la plupart des pays arabes, les températures sont exprimées en degrés Celsius, comme en France.

Parler chiffres

Apprendre à désigner les nombres en arabe, c'est encore une leçon de base. Vous pouvez être amené à parler de chiffres dans toutes sortes de situations. Ainsi, par exemple, en parlant du temps, vous aurez besoin de connaître les chiffres pour pouvoir faire référence à la température ou pour comprendre ce que l'on vous dit. Dans cette section, vous allez vous familiariser avec les **arqâm** (*ar-qaa-m* ; chiffres, nombres). Au singulier, **arqâm** devient **raqm** (*raq-m* ; chiffre, nombre).

À RETENIR

Si l'Occident utilise, pour compter, les chiffres arabes, les Arabes du Moyen-Orient ont emprunté leur système de notation numérique aux Indiens. Rien d'étonnant à cela, si l'on sait les relations qu'entretenait le monde arabe avec l'Inde, et on connaît le rôle important qu'elle a joué dans le développement des mathématiques. Par ailleurs, bien que l'arabe s'écrive de droite à gauche, les nombres, eux, s'écrivent de gauche à droite. À l'écrit, les nombres obéissent à une syntaxe précise.

Le tableau 7.4 ci-dessous présente les noms des nombres de 0 à 10 tels qu'on les utilise à l'oral, c'est-à-dire exempts de marques de cas ou de genre.

TABLEAU 7.4 : Les nombres en arabe de 0 à 10

Arabe	Prononciation	Graphie indienne	Graphie arabe
Sifr	*Sif-r*	٠	0
wâHid	*waa-Hid*	١	1
ithnayn	*ith-nay-n*	٢	2
thalâtha	*thalaa-tha*	٣	3
arba'a	*ar-ba-'a*	٤	4
khamsa	*kha-m-sa*	٥	5
sitta	*sit-ta*	٦	6
sab 'a	*sab- 'a*	٧	7
thamâniyya	*thamaa-niy-ya*	٨	8
tis 'a	*tis- 'a*	٩	9
'achara	*'achara*	١٠	10

TABLEAU 7.5 : Les nombres en arabe de 11 à 20

Arabe	Prononciation	Graphie arabe
aHada 'achara	*aHada 'achara*	11
ithnâ 'achara	*ith-naa 'achara*	12
thalâthata 'achara	*thalaa-tha-ta 'achara*	13
arba'ata 'achara	*ar-ba-'ata 'achara*	14
khamsata 'achara	*kham-sata 'achara*	15
sittata 'achara	*sit-tata 'achara*	16
sab'ata 'achara	*sab-'ata 'achara*	17
thamâniyata 'achara	*thamaa-niyata 'achara*	18
tis'ata 'achara	*tis-'ata 'achara*	19
'ichrîn	*'ich-rii-n*	20

Le tableau 7.6 présente les dizaines de 20 à 100.

TABLEAU 7.6 : Les nombres en arabe de 20 à 100

Arabe	Prononciation	Graphie arabe
'ichrîn	*'ich-rii-n*	20
thalâthîn	*thalaa-thii-n*	30
'arba'în	*ar-ba-'ii-n*	40
khamsîn	*kham-sii-n*	50
sittîn	*sit-tii-n*	60
sab'în	*sab-'ii-n*	70
thamânîn	*thamaa-nii-n*	80
tis'în	*tis-'ii-n*	90
mi'a	*mi-a*	100

TRUC

Pour ajouter des unités aux dizaines, il vous suffit d'intercaler la particule **wa** (« et ») entre les deux. Par exemple, 21, 34 ou 58 se disent **wâHid wa 'ichrîn** (*waa-Hid wa 'ich-rii-n*), **arba'a wa thalâthîn** (*ar-ba-'a wa thalaa-thii-n*), **thamâniya wa khamsîn** (*thamaa-niya wa kha-m̀-sii-n*).

D'autre part, si vous comparez attentivement les unités avec les dizaines, vous remarquerez que les dizaines sont formées à partir des unités auxquelles a été suffixé **-în**. On peut faire un rapprochement avec le français, où c'est le suffixe -ante qui donne les dizaines : quarante, cinquante, etc.

Les jours et les mois

Dans les conversations les plus anodines, il arrive souvent que l'on soit amené à parler « calendrier ». C'est pourquoi nous vous proposons ici d'apprendre les jours de la semaine et les mois de l'année. Dans le monde arabe, c'est le dimanche qui est considéré comme le 1er jour de la semaine, et non le lundi. C'est pourquoi il est désigné par un terme dérivé du chiffre « 1 ». Le lundi se dit « 2 », le mardi est dérivé de « 3 », etc. Les vendredi et samedi ne suivent pas la même logique : vendredi, jour de prière collective pour les musulmans, est désigné par un terme dérivé du mot « rassemblement ». Quant au mot « samedi », **sabt** (*sab-t*) en arabe, il vient du terme hébreu *chabat*.

Sachez, par ailleurs, que « semaine » en arabe se dit, **usbû '** (*ou-s-boû-'*), en référence au chiffre « 7 », comme le nombre de jours qui la composent.

- **al-aHad** (*al-aHad* ; dimanche)
- **al-ithnayn** (*al-ith-nay-n* ; lundi)
- **al-thulâthâ'** (*ath-thoulaa-thaa-'* ; mardi)
- **al-arbi'â'** (*al-ar-bi-'aa-'* ; mercredi)
- **al-khamîs** (*al-khamii-s* ; jeudi)
- **al-jumu'a** (*al-joumou-'a* ; vendredi)
- **al-sabt** (*as-sab-t* ; samedi)

CULTURE

Pour suivre l'écoulement du temps, les Arabes utilisent trois calendriers différents :

- Le **calendrier grégorien**, qui est à peu près le même que celui que l'on utilise en Occident.
- Le **calendrier syriaque**, qui est un calendrier solaire dont les noms des mois sont en araméen. Il est utilisé au Moyen-Orient, où l'araméen subsiste encore, mais est inusité dans les pays du Maghreb, qui n'ont pas de lien historique ni culturel direct avec l'araméen.

- Le **calendrier musulman**, dont l'année 0 correspond à l'année 622 de l'ère chrétienne, date qui marque l'Hégire, c'est-à-dire l'exil de Mohammed de La Mecque à Médine. Il suit les cycles de la lune, à l'instar de la plupart des calendriers sémitiques.

Les tableaux 7.7, 7.8 et 7.9 indiquent les mois (**achhur** ; *ach-hour*) des calendriers grégorien, syriaque et musulman.

TABLEAU 7.7 : Le calendrier grégorien

Arabe	Prononciation	Français
yanâyir	*yanaa-yir*	janvier
fibrâyir	*fib-raa-yir*	février
mârs	*maa-r-s*	mars
abrîl	*abrii-l*	avril
mây	*maa-y*	mai
yûnyû	*yoû-n-yoû*	juin
yûlyû	*yoû-l-yoû*	juillet
ughusTus	*ughou-s-Tou-s*	août
sabtambar	*sab-tam-bar*	septembre
uktûbar	*ouk-toû-bar*	octobre
nûfambar	*noû-fam-bar*	novembre
dîsambar	*dii-sam-bar*	décembre

Vous aurez remarqué que ces noms résonnent comme les noms des mois français. Dans le calendrier syriaque, en revanche, ils sont tout à fait différents, mais ils correspondent quand même aux mois solaires définis par le calendrier grégorien.

TABLEAU 7.8 : Le calendrier syriaque

Arabe	Prononciation	Français
kânûn al-thânî	*kaa-noû-n ath-thaa-nii*	janvier
chubâT	*choubaa-T*	février
âdhâr	*aa-dhaa-r*	mars
nîsân	*nii-saa-n*	avril
ay-yâr	*ay-yaa-r*	mai
Huzayrân	*Houzay-raa-n*	juin
tammûz	*tam-moû-z*	juillet
âb	*aa-b*	août
aylûl	*ay-loû-l*	septembre
tichrîn al-awwal	*tich-rii-n al-'aw-wal*	octobre
tichrîn al-thânî	*tich-rii-n ath-thaa-nii*	novembre
kânoûn al-awwal	*kaa-noû-n al-'aw-wal*	décembre

TABLEAU 7.9 : Le calendrier musulman

Arabe	Prononciation
muHarram	*mouHar-ram*
Safar	*Safar*
rabî' al-awwal	*rabii-' al-aw-wal*
rabî' al-thânî	*rabii-' ath-thaa-nii*
jumâdâ al-awwal	*joumaa-daa l-aw-wal*
jumâdâ al-thânî	*joumaa-daa th-thaa-nii*
rajab	*rajab*
cha 'bân	*cha -'-baa-n*
ramaDân	*ramaDaa-n*
chawwâl	*chaw-waa-l*
dhû al-qa'da	*dhoû l-qa-'da*
dhû al-Hijja	*dhoû l-Hij-ja*

Les mois lunaires étant de seulement 29 ou 30 jours, le calendrier musulman ne s'aligne pas sur le calendrier grégorien. Les années musulmanes sont plus courtes que les années chrétiennes, et l'écart de 622 années qui au départ séparaient les deux calendriers s'amenuise peu à peu.

Chapitre 8

Se restaurer

DANS CE CHAPITRE :

» **Le petit déjeuner, le déjeuner et le dîner**

» **À la cuisine**

» **Les repas à la maison**

» **Dîner au restaurant**

Ta'âm (*Ta-'aa-m* ; la nourriture), quoi de mieux pour découvrir une culture ? Vous en saurez beaucoup sur les gens en découvrant ce qu'ils mangent, comment ils le mangent et comment ils le préparent. Dans la culture arabe comme dans bien d'autres cultures, le **Ta'âm** occupe une place essentielle. Dans ce chapitre, vous allez enrichir votre vocabulaire arabe des termes qui désignent les repas et les aliments les plus courants, vous allez apprendre comment vous débrouiller au restaurant et comment dialoguer correctement avec le serveur ou la serveuse.

Tout sur les repas

Les trois principaux **wajbât** (*waj-baa-t* ; repas) sont :

» **fuTûr** (*fouToû-r* ; petit déjeuner)

» **ghadâ'** (*ghadaa-'* ; déjeuner)

» **'achâ'** (*'achaa-'* ; dîner)

Si vous vous sentez un peu **jâ'i'** (*jaa-'i'* ; affamé) mais sans vouloir une vraie **wajba**, vous apprécierez sans doute une petite **wajba khafîfa** (*waj-ba khafii-fa* ; en-cas).

Le petit déjeuner

On vous l'a sûrement déjà dit : le **fuTûr** est la **wajba** la plus importante de la journée. En commençant la journée avec un estomac bien rempli, on se sent mieux et on est plus actif. Moi, j'aime commencer ma matinée avec une tasse de **qahwa** (*qah-wa* ; café). En général, je l'aime **sâda** (*saa-da* ; sans sucre), mais parfois, j'y ajoute un peu de **Halîb** (*Ha-liib* ; lait) et du **sukkar** (*souk-kar* ; sucre) pour lui donner un peu de goût. Certains jours, je bois plutôt du **chây** (*chaa-y* ; thé). Avec ma **qahwa** ou mon **chây**, j'aime avoir du **khubz** (*khoub-z* ; pain) et des **Halawiyyât** (*Halawiy-yaa-t* ; gâteaux).

Voici ce que vous pouvez aussi avoir pour votre petit déjeuner :

- **'asal** (*'a-sal* ; miel)
- **qahwa bi-Halîb** (*qah-wa bi Halii-b* ; café au lait)
- **qahwa bi-sukkar (***qahwa bi souk-kar* ; café avec sucre)
- **qahwa bi Halîb wa sukkar** (*qah-wa bi Halii-b wa souk-kar* ; café au lait avec sucre)
- **chây bi 'asal** (*chaa-y bi 'a-sal* ; thé au miel)
- **khubz muHammar** (*khoub-z mouHam-mar* ; pain grillé)
- **khubz bi zubda** (*khoub-z bi zoub-da* ; pain et beurre)
- **khubz bi zubda wa 'asal** (*khoub-z bi zoub-da wa 'a-sal* ; pain, beurre et miel)

- » **isfanj** (*is-fan-j* ; beignets [Maroc])
- » **Hubûb al-fuTûr** (*Houboû-b al-fouToûr* ; céréales)
- » **bayD** (*bay-D* ; œufs)

Un **fuTûr fî al-manzil** (*fouToû-r fii l-ma-n-zil* : petit déjeuner à la maison) est une façon agréable de commencer la journée.

Mots clés

'aSîr	*'aSii-r*	jus
'aSîr burtuqâl	*'aSii-r bur-tu-qaa-l*	jus d'orange
'aSîr tuffâH	*'aSii-r touf-faa-H*	jus de pomme
'aSîr 'inab	*'aSii-r 'inab*	jus de raisin
burtuqâla	*bour-touqaa-la*	orange
tuffâHa	*touf-faa-Ha*	pomme
'inab	*'inab*	raisin
mawza	*maw-za*	banane
SiHHa	*SiH-Ha*	santé
Halîb	*Halii-b*	lait
al-ân	*al-'aa-n*	maintenant
laHZa	*laH-Za*	un moment
nasiya	*na-siya*	« oublier » au passé
yansâ	*yan-saa*	« oublier » au présent
nasîti	*na-sii-ti*	tu as oublié (FS)
nasîta	*na-sii-ta*	tu as oublié (MS)

Si vous n'êtes pas chez vous, vous pouvez prendre votre **fuTûr** dans un **maqhâ** (*maq-haa* ; café) pour y passer une partie du **SabâH** (*Sa-baa-H* ; matin).

Mots clés

'âdiyy	*'aa-diy-y*	habituel
mil'aqa	*mil'aqa*	cuiller
Saghîr	*Saghii-r*	petit
Saghîra	*Saghii-ra*	petite
mutawassiT	*mutawas-siT*	moyen
mutawassiTa	*mutawas-siTa*	moyenne
kabîr	*kabii-r*	grand
kabîra	*kabii-ra*	grande
akl	*akl*	manger, nourriture
faTîra	*faTii-ra*	beignet

Au **fuTûr**, il est sain de manger un fruit : **fâkiha** (*faa-ki-ha*) ; par exemple une **burtuqâla** (*bour-tou-kaala* ; orange) ou une **tuffâHa** (*touf-faa-Ha* ; pomme). Voici les noms de quelques autres **fawâkih** (*fawaa-ki-h* ; fruits) :

- **tûtat al arD** (*toû-tat al-ar-D* ; fraise) ; pl. **tût al-arD**
- **ijjâSa** (*ij-jaa-Sa* ; poire) ; pl. **ijjâS**
- **baTTîkha** (*baT-Tii-kha* ; pastèque/melon) ; pl. **baTTîkh**
- **khawkha** (*khaw-kha* ; pêche) ; pl. **khawkh**
- **'inab** (*'i-nab* ; raisin)
- **laymûna HâmiDa** (*lay-moû-na Haa-miDa* ; citron) ; pl. **laymûn HâmiD**
- **laymûna hindiyya** (*lay-moû-na hin-diy-ya* ; pamplemousse) ; pl. **laymûn hindiyy**
- **anbaja** (*an-baja* ; mangue) ; pl. **anbaj**

Le déjeuner

Une fois que vous avez pris votre **fuTûr**, vous voilà **chab 'ân** (*chab- 'aa-n* ; repu, satisfait) pour un bon moment. Cependant, vers le milieu de la matinée, vous vous sentirez peut-être **jâ'i '** (*jaa-'i'* ; affamé) à nouveau. Peut-être qu'après avoir mangé des **fawâkih**, vous pourrez attendre l'heure du **al-ghadâ'** (*al-ghadaa-'* ; le déjeuner).

CULTURE

Al-ghadâ' est un repas très important. De manière générale, dans les pays arabes, les employés ne vont pas prendre un **ghadâ'** sur le pouce, sur leur lieu de travail. Le plus souvent, les bureaux ferment et les employés prennent le temps de bien manger.

Voici ce que vous trouverez souvent au menu d'un **ghadâ'** :

- **laHm** (*la-H-m* ; viande)
- **laHm al-baqar** (*laH-m al-baqar* ; viande de bœuf)
- **laHm al-ghanam** (*laH-m al-ghana-m* ; viande d'agneau)
- **laHm al-'ijl** (*laH-m al-'ij-l* ; viande de veau)
- **samak** (*samak* ; poisson)
- **dajâj** (*dajaa-j* ; poulet)
- **aruzz** (*arouz-z* ; riz)

Parfois, votre **ghadâ'** peut être un simple **sandwîch**. Ou bien, il peut être constitué d'une **salaTa** (*salaTa* ; salade) bien rafraîchissante. Votre **salaTa** sera **ladhîdha** (*ladhii-dha* ; délicieuse) si elle comprend certains des **khuDar** (*khou-Dar* ; légumes) suivants :

- **khass** (*khas-s* ; laitue)
- **TamâTim** (*Ta-maa-Tim* ; tomates)

- **khurchûf** (*khour-choû-f* ; artichauts)
- **baTâTâ** (*baTaa-Taa* ; pommes de terre)
- **hilyûn** (*hil-yoû-n* ; asperges)
- **afûkâtû** (*afoû-kaa-toû* ; avocat)
- **qarnabîT** (*qar-nabii-T* ; chou-fleur)
- **dhura** (*dhou-ra* ; maïs)
- **khiyâr** (*khiyaa-r* ; concombre)
- **fûl** (*foû-l* ; fèves)
- **lubyâ** (*loub-yaa* ; haricots blancs)
- **fâSûliyâ'** (*faa-Soû-liyaa-'* ; haricots verts)
- **fuTr** (*fouT-r* ; champignons)
- **baSal** (*ba-Sa-l* ; oignons)
- **bisilla** (*bi-sil-la* ; petits pois)
- **sabânikh** (*sabaa-nikh* ; épinards)

Pour rendre votre **sandwîch** encore meilleur, ajoutez-y des condiments :

- **SalSa bi-al-TamâTim** (*Sal-Sa bi -T-Tamaa-Tim* ; sauce tomate)
- **khardal** (*khar-dal* ; moutarde)
- **mayûnîz** (*mayoû-nii-z* ; mayonnaise)
- **mukhallalât** (*moukhal-lalaa-t* ; condiments au vinaigre)

Mots clés

Talaba/yaTlub	*Talaba/yaT-loub*	commander
Hajm	*Haj-m*	taille
naw'	*naw-'*	sorte, genre
khubz 'abyaD	*khoub-z ab-yaD*	pain blanc
khubz az-zar'	*khoub-z az-zar-'*	pain complet
jamî' anwâ'	*jamii-' an-waa-'*	toutes sortes de
faqaT	*faqaT*	seulement

GRAMMAIRE

À propos de **Ta'âm**, le **fi'l** (*fi'l* ; verbe) le plus important à connaître est sans doute **akala/ ya'kulu**, qui signifie « manger ».

Voici le verbe **akala** conjugué au **mâDî** (passé) :

Forme	Prononciation	Français
akaltu	*akal-tou*	J'ai mangé
akalta	*akal-ta*	Tu as mangé (M)
akalti	*akal-ti*	Tu as mangé (F)
akala	*akala*	Il a mangé
akalat	*akala-t*	Elle a mangé
akaltumâ	*akal-toumaa*	Vous avez mangé (D ; M/F)
akalâ	*akalaa*	Ils ont mangé (D)
akalatâ	*akalataa*	Elles ont mangé (D)
akalnâ	*akal-naa*	Nous avons mangé
akaltum	*akal-toum*	Vous avez mangé (M)
akaltunna	*akaltoun-na*	Vous avez mangé (F)
akalû	*akaloû*	Ils ont mangé
akalna	*akal-na*	Elles ont mangé

Comme il s'agit d'un verbe régulier, il se conjugue au **muDâri'** en utilisant la forme **ya'kulu** :

Forme	Prononciation	Français
âkulu	*aa-koulou*	Je mange
ta'kulu	*ta'-koulou*	Tu manges (M)
ta'kulîna	*ta'-koulii-na*	Tu manges (F)
ya'kulu	*ya'-koulou*	Il mange
ta'kulu	*ta'-koulou*	Elle mange
ta'kulâni	*ta'-koulaa-ni*	Vous mangez (D ; M et F)
ya'kulâni	*ya'-koulaa-ni*	Ils mangent (D)
ta'kulâni	*ta'-koulaa-ni*	Elles mangent
na'kulu	*na'-koulou*	Nous mangeons
ta'kulûna	*ta'-koulou-na*	Vous mangez (MP)
ta'kulna	*ta'-koul-na*	Vous mangez (FP)
ya'kulûna	*ya'-koulou-na*	Ils mangent
ya'kulna	*ya'-koul-na*	Elles mangent

Le dîner

Dans les pays arabes, le **'achâ'** (*achaa-'*; dîner) se prend très tard, vers 21 heures ou même vers 22 heures. Le **ghadâ'** et le **fuTûr** étant les deux repas les plus importants de la journée, et compte tenu de son heure tardive, le **'achâ'** est généralement un repas léger.

Il est souvent constitué de **samak** (*samak* ; poisson), de **dajâj** (*dajaa-j* ; poulet) ou d'une autre sorte de **laHm** (*laH-m* ; viande).

Manger chez soi

Si votre emploi du temps est chargé, vous devrez peut-être manger un morceau à l'extérieur. Pourtant, rien ne vaut un repas maison. Dans cette section, vous allez apprendre le vocabulaire essentiel qui vous permettra de faire les préparatifs et de mettre la table pour un délicieux repas préparé à la maison : **wajba ladhîdha fî l-manzil !** (*waj-ba ladhii-dha fii l-ma-n-zil !*).

Voici un extrait de ce que l'on trouve certainement dans votre **maTbakh** (*maT-bakh* ; cuisine) :

- **furn** (*four-n* ; four)
- **thallâja** (*thal-laa-ja* ; réfrigérateur)
- **maghsala** (*magh-sala* ; évier)
- **khazâ'in** (*khazaa-'i-n* ; placards)
- **milH** (*mil-H* ; sel)
- **fulful** (*foul-foul* ; poivre)
- **zayt zaytûn** (*zay-t zay-toû-n* ; huile d'olive)

Une fois que vous avez passé un moment **dâkhil al-maT-bakh** (*daa-khil l-maT-bakh*), à faire la cuisine (**T-Tabkh**), vous pouvez passer à la **ghurfat al-akl** (*ghourfat l-ak-l* ; la salle à manger) et apporter le **Ta'âm** (*Ta-'aa-m* ; nourriture) sur la **Tâwila** (*Taa-wila* ; la table). Sur votre **Tâwila**, vous aurez disposé :

- **SaHn** (*SaH-n* ; assiette) ; pl. **SuHûn** (*SouHoû-n*)
- **Tabaq** (*Tabaq* ; plats) ; pl. **aTbâq** (*aT-baa-q*)
- **ka's** (*ka'-s* ; verre) ; pl. **ku'ûs** (*kou-'oû-s*)
- **al-awânî** (*al-awaa-nii* ; la vaisselle)

- **chawka** (*chaw-ka* ; fourchette) ; pl. **chawkât** (*chaw-kaa-t*)
- **mil'aqa** (*mil-'aqa* ; cuiller) ; pl. **malâ'iq** (*malaa-'iq*)
- **sikkîn** (*sik-kii-n* ; couteau) ; pl. **sakâkîn** (*sakaa-kii-n*)
- **mindîl** (*mi-n-dii-l* ; serviette de table) ; pl. **manâdîl** (*manaa-dii-l*)

Au restaurant

Rien ne vaut une soirée dans un bon **maT'am** (*maT-'am* ; restaurant), surtout si le **nâdil** (*naa-dil* ; serveur) et la **nâdila** (*naa-dila* ; serveuse) sont sympathiques. Prenez le temps de bien lire la **qâ'imat al-wajbât** (*qaa-'ima-t l-waj-baa-t* ; carte) pour faire votre choix. Dans cette section, vous apprendrez comment rendre aussi agréable que possible une soirée au **maT'am**, comment dialoguer avec le **nâdil**, comment éviter de manquer aux convenances, et comment faire le meilleur usage de la **qâ'imat al-wajbât**.

CULTURE

Un dîner dans un restaurant arabe, que ce soit au Moyen-Orient ou ailleurs, est une expérience véritablement magique. En général, le décor est somptueux, avec des couleurs vives et chatoyantes. Les garçons portent généralement la **jilbâb** (*jil-baa-b* ; djellaba) traditionnelle : un vêtement long et ample, joli à voir. La nourriture est très exotique, épicée, délicieuse. Accordez-vous au minimum deux heures de dépaysement, et attendez-vous à savourer jusqu'à cinq, voire même sept plats successifs !

Lire le menu

Comme partout ailleurs, la **qâ'imat al-wajbât** comprendra généralement trois parties :

- **muqabbilât** (*mouqab-bilaa-t* ; hors-d'œuvre)
- **wajba ra'îsiyya** (*waj-ba ra-'ii-siy-ya* ; plat principal)
- **Halawiyyât** (*Halawiy-yaa-t* ; douceurs)

Les hors-d'œuvre

Dans la partie **muqabbilât** (*mouqab-bi-laa-t* ; hors-d'œuvre), vous trouverez de quoi vous mettre en appétit :

- **irbyân** (*ir-byaa-n* ; crevettes)
- **jumbariyy** (*joum-bariy-y* ; gambas)
- **bâdhinjân** (*badhi-n-jaa-n* ; aubergines)
- **HimmiS** (parfois **HummuS**) (*Him-mi-S* ou *Houm-mou-S* ; pois chiches)
- **fulful** (*foul-foul* ; poivrons)
- **tabbûla** (*tab-boû-la* ; taboulé)
- **lift** (*lif-t* ; radis)
- **kam'a** (*kam-'a* ; truffes)
- **thûm muHammar** (*thoû-m mouHam-mar* ; ail rôti)
- **waraq 'ay-nab** (*wa-raq 'ay-nab* ; feuilles de vigne farcies)
- **'adas** (*'ada-s* ; lentilles)
- **Hasâ'** (*Ha-saa-'* ; soupe)
- **Churba** (*Chour-ba* ; soupe)
- **Harîra** (*Harii-ra* ; potage de la région du Maghreb)

Le plat principal

Les **wajbât ra'îsiyya** sont des plats à base de **dajâj** (*dajaa-j* ; poulet), d'autres types de **laHm** (*laH-m* ; viande), ou de **samak** (*samak* ; poisson). Le **samak** est généralement très apprécié, car c'est un aliment goûteux, sain et léger. Vous aurez souvent la possibilité de choisir :

- **salmûn** (*sal-moûn* ; saumon)
- **ghâdus asmar** (*ghaa-dou-s as-mar* ; cabillaud)
- **tûn** (*toûn* ; thon)
- **tarûTa** (*taroû-Ta* ; truite)
- **isqumriyy** (*is-qoum-riy-y* ; maquereau)
- **chabbûT** (*chab-boû-T* ; carpe)
- **samak mûsâ** (*samak moû-saa* ; sole)
- **qirch** (*qir-ch* ; requin)

Comme dessert

Qui ne laisserait pas une petite place pour les **Halawiyyât** ! N'est-ce pas la meilleure façon de finir un bon **ghadâ'** (*ghadaa-'* ; déjeuner) ou un **'achâ'** (*'achaa-'* ; dîner) ? Faites votre choix parmi les diverses **Halawiyyât** (*Halawiy-yaa-t* ; douceurs) :

- **ka'ka** (*ka'-ka* ; biscuit) ; pl. **ka'k**
- **Halwâ** (*Hal-waa* ; gâteau) ; pl. **Halâwâ**
- **bûZa** (*bou-Za* ; glace)
- **charâb** (*charaa-b* ; sorbet)
- **ka'b ghazâl** (*ka'-b ghaa-z aal* ; « pied de gazelle » souvent appelé en français « corne de gazelle »)
- **chabbâkiyya** (*chab-baa-kiy-ya* ; « dentelle »)
- **aSâbi' as-sitt** (*aSaa-bi' s-sit-t* ; « les doigts de la dame »)

Et comme boisson ?

On vous proposera aussi un choix de différentes **machrûbât** (*mach-roû-ba-t* ; boissons). Sur la **qâ'imat al-wajbât**, vous trouverez notamment :

- **mâ'** (*maa-'* ; eau)
- **mâ' ma'daniyy** (*maa-' ma'-daniy-y* ; eau minérale)
- **mâ' bi-l-ghâz** (*maa-' bi-l-ghaa-z* ; eau gazeuse)
- **'aSîr laymûn** (*'aSii-r lay-moû-n* ; jus de citron)
- **laymûnâDa** (*lay-moû-naa-Da* ; limonade)
- **koHûl** (*kou-Hoû-l* ; alcool)
- **bîra** (*bii- ra* ; bière)
- **nabîdh** (*nabii-dh* ; vin)
- **khamr** (*kham-r* ; vin)
- **nabîdh aHmar** (*nabii-dh aH-mar* ; vin rouge)
- **nabîdh abyaD** (*nabii-dh ab-yaD* ; vin blanc)

Passer commande

Une fois que vous avez étudié la **qâ'imat al-wajbât** en long et en large, le moment est venu d'indiquer votre choix au **nâdil al maT'am** (*naa-dil l-maT-'a-m* ; serveur) ou à la **nâdilat al-maT'am** (*naa-dila-t l-maT-'a-m* ; serveuse). N'ayez pas peur de poser des **as'ila** (*as-'ila* ; questions).

Mots clés

mâ' Tabî'iyy	*maa-' Tabii-'iyy*	eau ordinaire
musta'idd (li)	*mous-ta'id-d (li)*	prêt (à)
ikhtiyâr	*ikh-tiyaa-r*	choix

Des mets à connaître

- **bâbâ ghannûj** : entrée à base d'aubergines grillées, ail, noix, citron, oignons, tomates, persil, graines de grenade et huile d'olive.
- **tabbûla** : entrée à base de persil, tomates, bourghoul, oignons, menthe et huile d'olive.
- **kebbé niyyé** : entrée à base de viande de bœuf hachée crue, bourghoul et oignons.

L'addition

Avant de quitter le **maT'am**, vous aurez, bien sûr, réglé votre **Hisâb** (*Hi-saa-b* ; note, addition). Pour la demander : **al-Hisâb min faDlik** (*al-Hi-saa-b mi-n faD-lik* ; l'addition, s'il vous plaît).

Dans les pays arabes, et plus généralement dans les restaurants orientaux, la tradition est de laisser au serveur ou à la serveuse un **baqchîh** (*baq-chii-ch* ; pourboire) dont le montant dépendra de la qualité du service, mais qui sera généralement de l'ordre de 15 à 20 %.

Chapitre 9
Faire des achats

DANS CE CHAPITRE :

- » **Au magasin**
- » **Comparer les articles et les prix**
- » **Choisir la bonne taille et la bonne couleur**

À l'étranger comme dans votre quartier, faire les magasins est souvent un moment particulièrement agréable. Vous trouvez ce dont vous avez besoin, mais vous faites aussi des découvertes, et vous vous laissez tenter...

Dans ce chapitre, vous allez apprendre les mots importants qui vous aideront à faire vos courses, que ce soit dans un pays arabe ou chez un marchand arabe de votre quartier. Vous saurez comment choisir la bonne taille d'un vêtement, comment choisir l'accessoire électronique le plus adapté ou même, comment acheter un beau bijou ! Vous saurez bientôt dialoguer avec les vendeurs pour être servi aussi bien que faire se peut.

En route vers les magasins

Vous voilà sur le point d'entrer dans un **dukkân** (*douk-kaa-n* : boutique) ou un **maHall** (*maHal-l* ; magasin). Selon ce que vous voulez trouver, vous pouvez choisir entre plusieurs sortes de **dakâkîn** (*dakaa-kii-n* ; *boutiques*). Pour acheter du **khubz** (*khoub-z* ; pain), vous irez à la **makhbaza** (*makh-baza* ; boulangerie).

Pour trouver un **kitâb** (*kitaa-b* ; livre), ce sera plutôt la **maktaba** (*mak-taba* ; librairie). Pour les **malâbis** (*malaa-bi-s* ; vêtements), vous irez bien évidemment au **dukkân li-l- malâbis** (*douk-kaa-n li-l- malaa-bi-s* ; magasin de vêtements). Enfin, si vous désirez acheter une **midhyâ'** (*midh-yaa-'* ; radio) ou une **tilifizyûn** (*tilifiz-yoû-n* ; télévision), vous irez dans un **dukkân li-al- âlât al-iliktrûniyya** (*douk-kaa-n li-l-aa-laa-t l-ilik-troû-niy-ya* ; magasin d'appareils électroniques).

Peut-être irez-vous faire un tour dans les **dakâkîn** ou les **maHallât** suivants :

- **al-Halwâniyy** (*al-Hal-waa-niy-y* ; pâtisserie)
- **al-baqqâl** (*al-baq-qaa-l* ; épicerie)
- **masmaka** (*ma-s-maka* ; poissonnerie)
- **al-jawhariyy** (*al-jaw-hariy-y* ; bijouterie)

Certaines boutiques vendent plutôt des services : salons de coiffure, manucure, etc.

- **wikâlat safar** (*wikaa-la-t safar* ; agence de voyages)
- **Sâlûn Hilâqa** (*Saa-loû-n Hilaa-qa* ; salon de coiffure)
- **Sâlûn tajmîl** (*Saa-loû-n taj-mii-l* ; salon de beauté)

Si vous avez l'intention de faire divers types d'achats, le mieux est de vous rendre au **markaz tijârî** (*mar-kaz tijaa-riy-y* ; centre commercial). Là, vous trouverez tout ce que vous voulez. Et si vous ne savez pas ce que vous voulez, vous verrez tant de choses que cela vous donnera forcément quelques idées !

Dans les centres commerciaux

Avant d'entrer dans un **dukkân**, vous vous attarderez peut-être devant la **wâjiha** (*waa-ji-ha* ; vitrine). Peut-être serez-vous abordé par un **bâ'i'** (*baa-'i* ; vendeur) ou par une **bâ'i'a** (*baa-'i-'a* ; vendeuse), qui vous demandera :

» **hal yumkin an usâ'idaka ?** (*hal youm-ki-n an ou-saa-'ida-ka* ; puis-je vous aider ?) (M)

» **hal yumkin an usâ'idaki ?** (*hal youm-ki-n an ou-saa-'ida-ki* ; puis-je vous aider ?) (F)

» **hal turîdu chay'an khâSSan ?** (*hal tourii-dou chay-a-n khaa-S-Sa-n* ; cherchez-vous quelque chose en particulier ?) (M)

» **hal turîdîna chay'an khâSSan ?** (*hal tourii-dii-na chay-a-n khaa-S-Sa-n* ; cherchez-vous quelque chose en particulier ?) (F)

Si vous avez besoin de **musâ'ada** (*mou-saa-'a-da* ; aide, assistance), vous répondrez simplement **na'am** (*na-'a-m* ; oui) (pour plus de détails sur la façon de demander et d'obtenir de la **musâ'ada**, voyez la section « Demander quelque chose en particulier », plus loin dans ce chapitre). Autrement, si vous voulez simplement continuer à musarder, vous n'aurez qu'à répondre : **lâ chukran** (*laa chouk-ra-n* ; non, merci).

Trouver le bon rayon

Dans un **markaz tijâriyy** (*markaz tijaa-riy-y* ; centre commercial) vous aurez peut-être besoin de **musâ'ada** (aide) pour trouver le rayon qui vous intéresse. Pour des **tawjîhât** (*taw-jii-haa-t* ; indications), allez poser vos **as'ila** (*a-s-'ila* ; questions) au **maktab al-ta'lîmât** (*mak-tab at-ta'lii-maa-t* ; bureau d'information).

Mots clés

yabHathu	*yab-Hathou*	chercher
maHall	*maHal-l*	rayon
nisâ'	*ni-saa-'*	femmes
rijâl	*ri-jaa-l*	hommes
banât	*banaa-t*	filles
awlâd	*aw-laa-d*	garçons
Tâbiq	*Taa-biq*	étage
miS'ad	*miS-'ad*	ascenseur
yamîn	*yamii-n*	droit
yasâr	*ya-saa-r*	gauche
'alâ yamîniki	*'alaa yamii-niki*	à ta droite (F)
'alâ yamînika	*'alaa yamii-nika*	à ta droite (M)
'alâ yasâriki	*'alaa ya-saa-riki*	à ta gauche (F)
'alâ yasârika	*'alaa ya-saa-rika*	à ta gauche (M)
dâkhil	*daa-khil*	à l'intérieur
khârij	*khaa-rij*	à l'extérieur

Voici quelques **as'ila** courantes :

» **hal yumkin an tusâ'idanî ?** (*hal youm-ki-n an tou-saa-'ida-nii* ; pourriez-vous m'aider ?)

» **ayna al-Tâbiq al-awwal ?** (*ay-na at-Taa-biq al-aw-wal* ; où se trouve le premier étage ?)

» **ayna al-miS'ad ?** (*ay-na -l-miS-'ad* ; où est l'ascenseur ?)

» **ayna raff al-malâbis ?** (*ay-na raf-f l-malaa-bi-s* ; où est le rayon vêtements ?)

» **fî ayyi Tâbiq yûjad dukkân al-jawhariyy ?** (*fii ay-yi Taa-biq yoû-jad douk-kaa-n al-jaw-hariy-y* ; à quel étage se trouve la bijouterie ?)

» **hal hunâka makhbaza fî hâdhâ al-markaz al-tijâriyy ?** (*hal hounaa-ka makh-baza fii haa-dhaa l-mar-kaz at-tijaa-riy-y* ; y a-t-il une boulangerie dans ce centre commercial ?)

Quand il s'agit de « chercher »

GRAMMAIRE

Faire les magasins, c'est chercher quelque chose. Pour faciliter votre **baHth** (*baH-th* ; recherche), il est souhaitable que vous soyez familiarisé avec les verbes **baHatha** (*ba-Ha-tha* ; « chercher » au passé) et **yabHathu** (*yab-Ha-thou* ; chercher). Il s'agit d'un verbe régulier, car il ne comporte aucune des trois lettres dites « malades » qui sont **yâ'**, **wâw** et **alif**. Il se conjugue donc au **mâDii** (*maa-Dii* ; passé, accompli) et au **muDâri'** (*mouDaa-ri-'* ; présent, inaccompli) en procédant comme avec les autres verbes réguliers et en utilisant les mêmes préfixes et suffixes.

Voici le verbe **baHatha** au **mâDî** :

Forme	Prononciation	Français
baHathtu	*ba-Hath-tou*	J'ai cherché
baHathta	*ba-Hath-ta*	Tu as cherché (M)
baHathti	*ba-Hath-ti*	Tu as cherché (F)
baHatha	*ba-Hatha*	Il a cherché
baHathat	*ba-Ha-tha-t*	Elle a cherché
baHathtumâ	*ba-Hath-toumaa*	Vous avez cherché (D)
baHathâ	*ba-Hathaa*	Ils ont cherché (D)
baHathatâ	*ba-Hathataa*	Elles ont cherché (D)
baHathnâ	*ba-Hath-naa*	Nous avons cherché

Forme	Prononciation	Français
baHathtum	*ba-Hath-toum*	Vous avez cherché (M)
baHathtunna	*ba-Hath-toun-na*	Vous avez cherché (P)
baHathû	*ba-Hathoû*	Ils ont cherché
baHathna	*ba-Hath-na*	Elles ont cherché

Au **muDâri'**, on utilise la forme **yabHathu** :

Forme	Prononciation	Français
abHathu	*ab-Hathou*	Je cherche
tabHathu	*tab-Hathou*	Tu cherches (M)
tabHathîna	*tab-Hathii-na*	Tu cherches (F)
yabHathu	*yab-Hathou*	Il cherche
tabHathu	*tab-Hathou*	Elle cherche
tabHathâni	*tab-Hathaa-ni*	Vous cherchez
yabHathâni	*yab-Hathaa-ni*	Ils cherchent
tabHathâni	*tab-Hathaa-ni*	Elles cherchent
nabHathu	*nab-Hathou*	Nous cherchons
tabHathûna	*tab-Hathoû-na*	Vous cherchez (M)
tabHathna	*tab-Hath-na*	Vous cherchez (F)
yabHatûna	*yab-Hathoû-na*	Ils cherchent
yabHathna	*yab-Hath-na*	Elles cherchent

Pour demander quelque chose de particulier

Quand vous allez dans les magasins, ce peut être aussi parce que vous pensez à un objet en particulier, que vous voulez acheter. Quand vous vous adresserez à un **bâ'i'**, il vous faudra sans doute utiliser un terme démonstratif, pour dire « ceci », « celui-là » ou « ceux-là ». Il existe un certain nombre de termes démonstratifs en arabe. Tout dépend du nombre d'objets (singulier ou pluriel), du genre et de la distance, plus ou moins grande, qui vous sépare de l'objet éloigné. Le tableau 9.1 présente les termes démonstratifs courants de l'arabe :

TABLEAU 9.1 : Pronoms démonstratifs en arabe

Arabe	Prononciation	Français
hâdhâ	*haa-dhaa*	ceci/celui-ci
hâdhihi	*haa-dhi-hi*	cette/celle-ci
dhâlika	*dhaa-lika*	cela/celui-là (MS)
tilka	*til-ka*	celle-là (FS)
hâ'ulâ'i	*haa-oulaa-i*	ceux-ci/celles-ci
ûlâ'ika	*oû-laa-ika*	ces ...-là/celles-là

Remarquez que les pronoms démonstratifs singuliers (**hâdhâ**, **hâdhihi**, **dhâlika** et **tilka**) varient tous en fonction du genre. En revanche, ce n'est pas le cas des pronoms démonstratifs pluriels **hâ'ulâ'i** et **ûlâ'ika**.

ATTENTION !

Si l'objet désigné est un pluriel de choses (pluriel inanimé), on lui associera un démonstratif féminin singulier. Ainsi, « ces blousons » se dira en arabe **hâdhihi al-sutar** (*haa-dhi-hi s-soutar*); « ces livres-là » se dira **tilka al-kutub** (*til-ka l-koutoub*).

Dans une phrase, le pronom démonstratif sera toujours placé *avant* l'objet désigné. Par ailleurs, l'objet désigné sera toujours défini. Voici quelques exemples d'utilisation du pronom défini :

» **hâdhâ al-walad** (*haa-dhaa l-wa-lad* ; ce garçon)

» **hâdhihi al-bint** (*haa-dhi-hi l-bi-n-t* ; cette fille)

» **dhâlika al-rajul** (*dhaa-lika r-rajoul* ; cet homme-là)

» **tilka al-mar'a** (*til-ka l-mar-a* ; cette femme-là)

» **hâ'ulâ'i al-banât** (*haa-oulaa-i l-banaa-t* ; ces filles)

» **ûlâ'ika al-nisâ'** (*oû-laa-ika n-ni-saa-'* ; ces femmes-là)

Mots clés

sutra	*sout-ra*	blouson
naw'	*naw-'*	sorte/genre
jild	*jil-d*	cuir
tabi'a/yatba'u	*tabi-'a/yat-ba-'ou*	suivre
itba'	*it-ba-'*	suis ! (impératif)
itba'nî	*it-ba'-nii*	suis-moi
fahima/yafhamu	*fa-hima/yaf-hamou*	comprendre
jamîl	*jamii-l*	beau
jamîla	*jamii-la*	belle
jarraba/youjarribu	*jar-raba/youjar-ribou*	essayer
lawn	*law-n*	couleur
khâSS	*khaa-SS*	particulier
khâSSa	*khaa-S-Sa*	particulière
Tab'an	*Tab-'a-n*	naturellement

Il est important, non seulement de respecter l'ordre particulier de l'expression démonstrative (pronom démonstratif, puis nom), mais aussi de mettre le nom à la forme définie. Si le nom n'est pas précédé du préfixe **al-**, le sens de l'expression change très nettement. Si vous associez un pronom démonstratif à un nom indéfini, vous obtenez une phrase complète, et non plus un groupe nominal « démonstratif + nom », avec un sujet, un attribut, et le verbe « être » sous-entendu.

Reprenons les exemples qui précèdent, et voyons ce que nous obtenons :

- **hâdhâ walad** (*haa-dhaa walad* ; c'est un garçon)
- **hâdhihi bint** (*haa-dhi-hi bi-n-t* ; c'est une fille)
- **hâ'ulâ'i banât** (*haa-oulaa-i banaa-t* ; ce sont des filles)
- **hâ'ulâ'i awlâd** (*haa-oulaa-i aw-laa-d* ; ce sont des garçons)

Comme vous le voyez, le simple fait d'ajouter un article peut changer radicalement le sens d'une phrase.

Comparer la marchandise

Qui n'a jamais hésité entre deux ou trois articles ? Parfois, on ne sait pas exactement quel modèle on désire. Il est important de pouvoir faire des comparaisons. Ici, vous allez apprendre à en faire selon un certain nombre de critères : prix, qualité, durabilité, etc.

Pour pouvoir comparer des articles différents, il est nécessaire d'avoir certaines notions concernant les comparatifs et les superlatifs. En français, lorsque vous comparez deux produits, vous avez souvent recours à l'expression « plus... que ». Vous direz, par exemple, que tel modèle est *plus* large *que* tel autre. Et pour décrire les caractéristiques d'une marchandise, on peut être amené à utiliser des expressions de type « telle chose est la plus ceci ou cela », comme par exemple « tel modèle est *le plus* large ».

Et en arabe ?

Les comparatifs

Les adjectifs sont le matériau de base pour faire des comparaisons. Le tableau 9.2 présente des adjectifs parmi les plus courants, suivis de leur forme comparative.

TABLEAU 9.2 : Les adjectifs et leurs comparatifs

Adjectif	Prononciation	Français	Comparatif	Prononciation	Français
kabîr	*kabii-r*	grand	**akbar**	*ak-bar*	plus grand
Saghîr	*Saghii-r*	petit	**aSghar**	*aS-ghar*	plus petit
Hasan	*Ha-sa-n*	bon	**aHsan**	*aH-sa-n*	meilleur
sayyi'	*say-yi'*	mauvais	**aswa'**	*as-wa-'*	pire
rakhîS	*rakhii-S*	bon marché	**arkhaS**	*ar-khaS*	meilleur marché
ghâlin	*ghaa-li-n*	cher	**aghlâ**	*agh-laa*	plus cher
sarî'	*sarii-'*	rapide	**asra'**	*as-ra-'*	plus rapide
baTî'	*baTii-'*	lent	**abTa'**	*ab-Ta-'*	plus lent
thaqîl	*thaqii-l*	lourd	**athqal**	*ath-qal*	plus lourd
khafîf	*khafii-f*	léger	**akhaff**	*akhaf-f*	plus léger
jamîl	*jamii-l*	beau	**ajmal**	*aj-mal*	plus beau
qabîH	*qabii-H*	laid	**aqbaH**	*aq-baH*	plus laid
ba'îd	*ba'ii-d*	loin	**ab'ad**	*ab-'ad*	plus loin
qarîb	*qarii-b*	proche	**aqrab**	*aq-rab*	plus proche
Hadîth	*Hadii-th*	récent	**aHdath**	*aH-dath*	plus récent
qadîm	*qadii-m*	ancien	**aqdam**	*aq-dam*	plus ancien

Utilisez ces adjectifs dans leur contexte approprié. Comme en français, la syntaxe suivante doit être respectée :

Nom + adjectif à la forme comparative + préposition **min** (*mi-n* ; que) + deuxième adjectif.

À RETENIR

Il est très important de placer la préposition **min** juste après chaque adjectif à la forme comparative. Par ailleurs, tous les noms utilisés dans la comparaison doivent être mis à la forme définie, en utilisant notamment le préfixe **al-**.

Voici quelques exemples de phrases comparatives simples :

» **al-bint akbar min al-walad** (*al-bi-n-t ak-bar mi-n al-walad* ; la fille est plus grande que le garçon).

» **al-tilifizyûn aghlâ min al-midhyâ'** (*at-tilifiz-yoû-n agh-laa mi-n al-midh-yaa-'* ; le téléviseur est plus cher que le poste de radio).

» **al-sayyâra asra' min al-Hâfila** (*as-say-yaa-ra as-ra' mi-n al-Haa-fila* ; la voiture est plus rapide que l'autobus).

» **al-sutra arkhaS min al-qamîS** (*as-soutra ar-khaS mi-n al-qa-miiS* ; le blouson est meilleur marché que la chemise).

Avec ce genre de phrases, vous pouvez vous exprimer de façon plus précise en ajoutant des pronoms démonstratifs :

» **hâdhihi al-bint akbar min dhâlika al-walad** (*haa-dhi-hi l-bi-n-t ak-bar mi-n dhaa-lika l-walad* ; cette fille est plus grande que ce garçon).

» **hâdhihi al-sayyârât asra' min hâdhihi al-Hâfilât** (*haa-dhi-hi s-ay-yaa-raa-t asra' mi-n haa-dhi-hi l-Haa-filaa-t* ; ces voitures sont plus rapides que ces autobus).

» **hâdhihi al-dâr ajmal min tilka** (*haa-dhi-hi d-daa-r aj-mal mi-n til-ka* ; cette maison est plus belle que celle-là).

- **hâdhâ al-walad akbar min dhâlika** (*haa-dhaa l-walad ak-bar mi-n dhaa-lika* ; ce garçon est plus grand que celui-là).

GRAMMAIRE

Dans ces exemples, vous remarquerez que la forme comparative est toujours la même, que les objets de la comparaison soient au singulier, au pluriel ou l'un au singulier et l'autre au pluriel. La forme du comparatif est en effet invariable.

Faire le bon choix

D'une façon générale, en arabe comme en français, la forme superlative est très proche de la forme comparative. Le comparatif consiste à décrire A par rapport à B, tandis que le superlatif consiste à dire ce que A est le plus ou le moins, sans le comparer à un autre objet. En arabe, on utilise la préposition **min** (« que ») pour mettre en rapport le comparé et le comparant. Les superlatifs ont au masculin singulier la même forme que les comparatifs, sauf qu'ils ne sont pas accompagnés de la préposition **min**. Pour le masculin pluriel, le féminin singulier et pluriel et le pluriel de choses, les formes de superlatif varient. On peut soit utiliser le superlatif masculin singulier, que l'on met à la forme indéfinie et que l'on place devant l'objet décrit, soit utiliser le superlatif propre au genre et au nombre de l'objet décrit, que l'on met à la forme définie et que l'on place après. Par exemple :

- « la plus grande ville » se dira **al-madîna al-kubrâ** (*al-madii-na l-koub-raa*), ou **akbar madîna** (*ak-bar madii-na*), ou encore **akbar al-mudun** (*ak-bar l-moudoun*) ; **kubrâ** étant une forme de superlatif de **kabîr** propre au féminin singulier ;
- « les villes les plus grandes » se dira **al-mudun al-kubrâ** (*al-moudoun l-koub-raa*) ou **akbar**

al-mudun (*ak-bar l-moudoun*) ; « villes » étant un pluriel inanimé, l'adjectif s'accorde au féminin singulier. Ce qui explique la présence du superlatif féminin singulier **kubrâ** ;

- « les femmes les plus grandes » se dira **al-nisâ' al-kubrayât** (*an-na-saa-' l-koub-rayaa-t*) ou **akbar al-nisâ'** (*ak-bar n-ni-saa-'*) ; **kubrayât** étant une forme de superlatif de **kabîr** propre au féminin pluriel ;
- « Les hommes les plus grands » peut se dire **al-rijâl al-akâbir** (*ar-rijaa-l l-akaa-bir*) ou **akbar al-rijâl** (*ak-bar r-rijaa-l*) ; **akâbir** étant une forme de superlatif de **kabîr** propre au masculin pluriel.

Mots clés

mu'ayyana	*mou'ay-yana*	particulière
mutaghayyir	*moutaghay-yir*	différent
mutaghayyira	*moutaghay-yira*	différente
zabâ'in	*zabaa'i-n*	clients
ikhtiyâr	*ikh-tiyaa-r*	choix
itba'nî	*it-ba'-nii*	suis-moi
fahima/yafhamu	*fa-hima/yaf-hamou*	comprendre
jamîl	*jamii-l*	beau
jamîla	*jamii-la*	belle

À RETENIR

Aujourd'hui, on a tendance à utiliser la construction « superlatif masculin singulier indéfini + objet décrit », plutôt que les formes de superlatif féminin et pluriels (masculin et féminin). Comme par exemple :

- **hâdhihi ajmal al-banât** (*haa-dhi-hi ajmal al-banaa-t* ; c'est la fille la plus belle).
- **hâdhâ ab'ad dukkân** (*haa-dhaa ab-'ad douk-kaa-n* ; c'est le magasin le plus éloigné).

Complément de vocabulaire pour l'achat et la vente

GRAMMAIRE

Les deux verbes les plus importants à connaître quand il s'agit de faire des achats sont probablement **ichtarâ/yachtarî** (*ich-taraa/yach-tarii* ; acheter) et **bâ'a/yabî'u** (*baa-'a/yabii-'ou* ; vendre). Ce sont deux verbes irréguliers du fait de la présence de la lettre **yâ'**. Apprenons donc à les conjuguer :

Le verbe « vendre » au passé (au **mâDî**) :

Forme	Prononciation	Français
bi'tu	*bi'-tou*	J'ai vendu
bi'ta	*bi'-ta*	Tu as vendu (M)
bi'ti	*bi'-ti*	Tu as vendu (F)
bâ'a	*baa-'a*	Il a vendu
bâ'at	*baa-'a-t*	Elle a vendu
bi'tumâ	*bi'-toumaa*	Vous avez vendu (D)
bâ'â	*baa-'aa*	Ils ont vendu (D)
bâ'atâ	*baa-'ataa*	Elles ont vendu (D)
bi'nâ	*bi'-naa*	Nous avons vendu
bi'tum	*bi'-toum*	Vous avez vendu (M)
bi'tunna	*bi'-toun-na*	Vous avez vendu (F)
bâ'û	*baa-'oû*	Ils ont vendu (M)
bi'na	*bi'-na*	Elles ont vendu (F)

Le verbe « vendre » au présent (inaccompli ; **muDâri'**) :

Forme	Prononciation	Français
abî'u	*abii-'ou*	Je vends
tabî'u	*tabii-'ou*	Tu vends (M)
tabî'îna	*tabii-'ii-na*	Tu vends (F)
yabî'u	*yabii-'ou*	Il vend
tabî'u	*tabii-'ou*	Elle vend
tabî'âni	*tabii-'aa-ni*	Vous vendez (D)
yabî'âni	*yabii-'aa-ni*	Ils vendent (D)
tabî'âni	*tabii-'aa-ni*	Elles vendent (D)
nabî'u	*nabii-'ou*	Nous vendons
tabî'ûna	*tabii-'oû-na*	Vous vendez (M)
tabi'na	*tabi'-na*	Vous vendez (F)
yabî'ûna	*yabii-'oû-na*	Ils vendent
yabi'na	*yabi'-na*	Elles vendent

Le verbe « acheter », au passé (**maaDî**) :

Forme	Prononciation	Français
ichtaraytu	*ich-taray-tou*	J'ai acheté
ichtarayta	*ich-taray-ta*	Tu as acheté (M)
ichtarayti	*ich-taray-ti*	Tu as acheté (F)
ichtarâ	*ich-taraa*	Il a acheté
ichtarat	*ich-tara-t*	Elle a acheté
ichtaraytumâ	*ich-taray-toumaa*	Vous avez acheté (D)
ichtarayâ	*ich-tarayaa*	Ils ont acheté (D)
ichtaratâ	*ich-tarataa*	Elles ont acheté (D)
ichtaraynâ	*ich-taray-naa*	Nous avons acheté
ichtaraytum	*ich-taray-toum*	Vous avez acheté (M)

Forme	Prononciation	Français
ichtaraytunna	*ich-taray-toun-na*	Vous avez acheté (F)
ichtaraw	*ich-taraw*	Ils ont acheté
ichtarayna	*ich-taray-na*	Elles ont acheté

Le verbe « acheter » au présent (inaccompli ; **muDâri'**) :

Forme	Prononciation	Français
achtarî	*ach-tarii*	J'achète
tachtarî	*tach-tarii*	Tu achètes (M)
tachtarîna	*tach-tarii-na*	Tu achètes (F)
yachtarî	*yach-tarii*	Il achète
tachtarî	*tach-tarii*	Elle achète
tachtariyâni	*tach-tariyaa-ni*	Vous achetez (D)
yachtariyâni	*yach-tariyaa-ni*	Ils achètent (D)
tachtariyâni	*tach-tariyaa-ni*	Elles achètent (D)
nachtarî	*nach-tarii*	Nous achetons
tachtarûna	*tach-taroû-na*	Vous achetez (M)
tachtarîna	*tach-tarii-na*	Vous achetez (F)
yachtarûna	*yach-taroû-na*	Ils achètent
yachtarîna	*yach-tarii-na*	Elles achètent

Acheter des vêtements

Statistiquement, il y a d'assez fortes chances pour que les **malâbis** (*malaa-bi-s* ; vêtements) fassent partie de vos courses. C'est pourquoi le tableau 9.3 présente un minimum de vocabulaire à connaître dans ce domaine.

TABLEAU 9.3 : Vêtements et accessoires

Arabe	Prononciation	Français
sirwâl	*sir-waa-l*	pantalon
sarâwîl	*saraa-wii-l*	pantalons
qamîS	*qamii-S*	chemise
aqmisa	*aq-mi-sa*	chemises
mi'Taf	*mi'-Taf*	manteau
ma'âTif	*ma'aa-Tif*	manteaux
fustân	*fous-taa-n*	robe
fasâtîn	*fa-saa-tii-n*	robes
jilbâb	*jil-baa-b*	djellaba
jalâbîb	*jalaa-biib*	djellabas
Hizâm	*Hizaa-m*	ceinture
aHzima	*aH-zima*	ceintures
qubba'a	*qoub-ba-'a*	chapeau
qubba'ât	*qoub-ba-'aa-t*	chapeaux
jawrab	*jaw-rab*	chaussette
jawârib	*jawaa-rib*	chaussettes
Hidhâ'	*Hidhaa-'*	chaussure
aHdhiya	*aHdhiya*	chaussures
khâtam	*khaa-tam*	bague
khawâtim	*khawaa-tim*	bagues
sâ'a	*saa'a*	montre
saa'ât	*saa-'aa-t*	montres

Si vous achetez des **malâbis**, vous devrez vous préoccuper de **al-Hajm** (*al-Haj-m* ; la taille). Voici les quatre catégories standard :

» **Saghîr** (*Saghii-r* ; petit)

» **wasaT** (*wa-saT* ; médium)

- **kabîr** (*kabii-r* ; large)
- **zâ'id kabîr** (*zaa-'id kabii-r* ; extra-large)

Vous devrez aussi choisir la couleur : **lawn** (*law-n*). Les **'alwân** (*al-waa-n* ; couleurs) utilisées comme adjectifs s'accordent en genre et en nombre avec les noms auxquels elles se rapportent. Attention : si l'objet décrit est un pluriel inanimé, la couleur est accordée au féminin singulier.

Comment reconnaître le genre d'un nom ? Dans environ 80 % des cas, les noms féminins se terminent par le son **a**. Pour le reste, il vous suffira de rechercher le mot dans votre **qâmûs** (*qaa-moû-s* ; dictionnaire).

Le tableau 9.4 présente les formes masculine et féminine des couleurs les plus courantes.

TABLEAU 9.4 : Les couleurs de base en arabe

Couleur (M)	Prononciation	Couleur (F)	Prononciation	Français
abyaD	*ab-yaD*	**bayDâ'**	*bay-Daa-'*	blanc/ blanche
aswad	*as-wad*	**sawdâ'**	*saw-daa-'*	noir/noire
aHmar	*aH-mar*	**Hamrâ'**	*Ham-raa'*	rouge
akhDar	*akh-Dar*	**khaDrâ'**	*khaD-raa'*	vert/verte
azraq	*az-raq*	**zarqâ'**	*zar-qaa-'*	bleu/bleue
aSfar	*aS-far*	**Safrâ'**	*Saf-raa-'*	jaune

Chapitre 10

Faire des visites

DANS CE CHAPITRE :

- **Ne pas manquer votre heure**
- **Visiter les musées**
- **Aller au cinéma**
- **Visiter des sites religieux**

Trouvez des occasions de progresser dans la pratique de cette nouvelle langue que vous apprenez ! Un des meilleurs moyens de le faire est de visiter une **madîna** (*madii-na* ; ville). À Barbès comme à Sidi-Bel-Abbès, vous pourrez exercer vos talents, grâce au vocabulaire et aux règles que vous présente ce chapitre.

À la bonne heure

En ville, si vous ne savez pas dire ni demander l'heure, vous risquez d'avoir des difficultés lorsqu'il s'agira de prendre un bus ou d'acheter des billets pour un spectacle. Comment dire « neuf heures du matin », « trois heures de l'après-midi », « huit heures du soir », etc. ?

Pour demander l'heure, la question à poser est la suivante : **kam al-sâ'a ?** (*kam as-saa-'a* ; quelle heure est-il ?). Si c'est à vous que l'on pose cette question, vous répondrez **al-sâ'a...** (*as-saa-'a*) suivi de l'ordinal de l'heure. Ainsi, par exemple, pour dire qu'il est 2 heures, vous direz « c'est la deuxième heure ». Sachant que **sâ'a** est un nom féminin, vous utiliserez la forme féminine du nombre ordinal. Le tableau 10.1 vous indique comment dire l'heure de 1 à 12.

TABLEAU 10.1 : Les ordinaux en arabe pour donner l'heure

Arabe	Prononciation	Français
al-sâ'a al-wâHida	*as-saa-'a l-waa-Hida*	1 heure
al-sâ'a al-thâniya	*as-saa-'a th-thaa-ni-ya*	2 heures
al-sâ'a al-thâlitha	*as-saa'a th-thaa-li-tha*	3 heures
al-sâ'a al-râbi'a	*as-saa'a r-raa-bi'a*	4 heures
al-sâ'a al-khâmisa	*as-saa'a l-khaa-mi-sa*	5 heures
al-sâ'a al-sâdisa	*as-saa'a s-saa-di-sa*	6 heures
al-sâ'a al-sâbi'a	*as-saa'a s-saa-bi-'a*	7 heures
al-sâ'a al-thâmina	*as-saa'a th-thaa-mina*	8 heures
al-sâ'a al-tâsi'a	*as-saa'a t-taa-si-'a*	9 heures
al-sâ'a al- 'âchira	*as-saa'a l- 'aa-chira*	10 heures
al-sâ'a al-Hâdiya 'achara	*as-saa'a l-Haa-diya 'achara*	11 heures
al-sâ'a al-thâniya 'achara	*as-saa'a th-thaa-niya 'achara*	12 heures

À RETENIR

L'expression qui indique l'heure est définie en arabe par l'article placé à la fois devant le mot **sâ'a** (heure), et devant le cardinal. Pour 12 heures, il y a en arabe, comme en français, la possibilité de les indiquer en parlant de « moitié de la journée » et de « moitié de la nuit ». Ainsi, « midi » se dit **muntaSaf al-nahâr** (*moun-taSaf an-nahaa-r*), et « minuit » se dit **muntaSaf al-layl** (*moun-taSaf al-lay-l*).

Voici quelques termes utiles pour parler du temps en arabe :

- **sâ'a** (*saa-'a* ; heure)
- **daqîqa** (*daqii-qa* ; minute)
- **thâniya** (*thaa-niya* ; seconde)
- **ba'da** (*ba'-da* ; après)
- **qabla** (*qab-la* ; avant)
- **al-yawm** (*al-yaw-m* ; aujourd'hui)
- **ghadan** (*ghada-n* ; demain)
- **ams** (*am-s* ; hier)
- **al-bâriHa** (*al-baa-riHa* ; hier)
- **ba'da ghad** (*ba'da ghad* ; après-demain)
- **awwal ams** (*aw-wal am-s* ; avant-hier)

L'heure au bon moment du jour

Voici les différents moments de la journée :

- **al-saHar** (*as-saHar* ; l'aube)
- **al-fajr** (*al-faj-r* ; l'aurore)
- **churûq al-chams** (*chouroû-q ach-cham-s* ; le lever du soleil)
- **al-SabâH** (*as-SabaaH* ; le matin, soit du lever du soleil à 11 heures 59)
- **al-DuHâ** (*ad-DouHaa* ; la 2e moitié de la matinée)
- **aZ-Zuhr** (*aZ-Zouh-r* ; midi, soit 12 heures)
- **ba'da aZ-Zuhr** (*ba'-da Z-Zouh-r* ; l'après-midi, soit de 12 heures 01 à 16 heures)
- **al-'asr** (*al-'as-r* ; la 2e moitié de l'après-midi)

- **ghurûb al-cham-s** (*ghouroû-b ach-cham-s* ; le coucher du soleil)
- **al-maghrib** (*al-magh-rib* ; le coucher du soleil)
- **al-masâ'** (*al-ma-saa-'* ; le soir)
- **al-'achiyya** (*al-'achiy-ya* ; le soir)
- **al-'ichâ'** (*al-'ichaa-'* ; la tombée de la nuit)
- **al-layl** (*al-lay-l* ; la nuit)

Si vous évoquez une heure, précisez aussi le moment de la journée que vous voulez désigner (le matin, l'après-midi, le soir...). Voici quelques exemples qui vous aideront à maîtriser le temps en arabe :

- **astayqiZu fî al-sâ'a al-sâbi'a SabâHan** (*as-tay-qiZou fii s-saa-'a s-saa-bi-'a Sabaa-Ha-n* ; je me réveille à sept heures du matin).
- **usâfir fî al-sâ'a al-wâHida ba'da aZ-Zuhr** (*ou-saa-fir fii-s-saa-'a l-waa-Hida ba'-da Z-Zouh-r* ; je pars à une heure de l'après-midi).
- **naltaqî fî al-sâ'a al-khâmisa masâ'an** (*nal-taqii fii-s-saa-'a l-khaa-mi-sa masaa-'a-n* ; on se voit à cinq heures de l'après-midi).
- **lî maw'id fî al-sâ'a al-Hâdiya 'achara SabâHan** (*lii maw-'id fii s-saa-'a l-Haa-diya 'achara Sabaa-Ha-n* ; j'ai un rendez-vous à onze heures du matin).
- **yabda'u al- 'arD fî al-sâ'a al-tâsi'a laylan** (*yab-da'ou l-'ar-D fii s-saa-'a t-taa-si-'a lay-la-n* ; le spectacle commence à neuf heures du soir).

Les minutes

Nous allons étudier les différentes manières d'exprimer les fractions de l'heure (demi, quart, tiers), ainsi le nombre de minutes.

Utiliser les fractions de l'heure

Les principales fractions de l'heure sont les suivantes :

- **al-niSf** (*an-niS-f* ; la demie)
- **ath-thulth** (*ath-thoul-th* ; le tiers)
- **al-rub'** (*ar-roub'* ; le quart)

Les exemples qui suivent vous montrent comment utiliser les fractions pour dire l'heure :

- **as-sâ'a al-thâniya wa al-rub'** (*as-saa-'a th-thaa-niya wa r-roub'* ; il est deux heures et quart).
- **as-sâ'a al-tâsi'a wa al-niSf** (*as-saa-'a t-taa-si-'a wa n-niSf* ; il est neuf heures et demie).
- **as-sâ'a al-wâHida wa al-thulth** (*as-saa-'a l-waa-Hida wa th-thoul-th* ; il est une heure vingt).
- **as-sâ'a al-khâmisa wa al-rub'** (*as-saa-'a l-khaa-mi-sa wa r-roub'* ; il est cinq heures et quart).
- **as-sâ'a al-Hâdiya 'achara wa al-niSf** (*as-saa-'a l-Haa-diya 'achara wa-n-niSf* ; il est onze heures et demie).

Et pour dire « moins le quart » ou « moins vingt » ? Vous devrez utiliser la préposition **illâ** (*il-laa*), qui correspond à « moins ». Il suffit donc de remplacer **wa** par **illâ**.

À RETENIR

Pour dire qu'il est telle heure « moins le quart » ou « moins vingt » (c'est-à-dire moins un tiers d'heure), on utilisera ce genre de formules :

- **al-sâ'a al-sâdisa illâ al-rub'** (*as-saa-'a s-saa-di-sa il-laa r-roub-'* ; il est six heures moins le quart).
- **al-sâ'a al-wâHida illâ al-thulth** (*as-saa-'a l-waa-Hida il-laa th-thoul-th* ; il est une heure moins vingt).

Comment gérer les fractions, les mentions « et » ou « moins », et les indices du moment de la journée ?

Pour dire « Il est une heure et demie de l'après-midi », vous direz **as-sâ'a al-wâHida wa al-niSf ba'da aZ-Zuhr** (*as-saa-'a l-waa-Hida wa n-niSf ba'da Z-Zuhr*). Voici d'autres exemples :

- **al-sâ'a al-thâniya 'achara wa al-rub' laylan** (*as-saa-'a th-thaa-niya 'achara wa r-roub' lay-la-n* ; il est minuit et quart).
- **al-sâ'a al-sâbi'a wa al-niSf masâ'an** (*as-saa-'a as-saa-bi'a wa n-niSf masaa-'a-n* ; il est sept heures et demie du soir).
- **al-sâ'a al-thâmina wa al-rub' SabâHan** (*as-saa-'a th-thaa-mina wa r-roub-' Sabaa-Ha-n* ; il est huit heures et quart du matin).
- **al-sâ'a al-khâmisa illâ al-rub' masâ'an** (*as-saa-'a l-khaa-mi-sa il-laar-roub-' masaa-'a-n* ; il est cinq heures moins le quart de l'après-midi).

Mots clés

matâ	*mataa*	quand
bidâya	*bidaa-ya*	début
bada'a/yabda'u	*bada'a/yab-da'ou*	commencer
fîlm	*fii-l-m*	film
masraH	*mas-raH*	théâtre
hayyâ binâ	*hay-yaa bi-naa*	allons-y
HâDir	*Haa-Dir*	entendu !

À la minute près

Vous pouvez aussi dire l'heure à la minute près (à propos des nombres cardinaux, voir le chapitre 5).

Ainsi, par exemple, **al-sâ'a al-khâmisa wa khams daqâ'iq** (*as-saa-'a l-khaa-mi-sa wa kha-m-s daqaa-'iq*) signifie « il est cinq heures cinq ». Voici d'autres exemples :

- **al-sâ'a al-wâHida wa 'ishrûna daqîqa** (*as-saa'a l-waa-Hida wa 'ich-roû-na daqii-qa* ; il est une heure vingt).
- **al-sâ'a al-râbi'a wa thalâthûna daqîqa ba'da al-Zuhr** (*as-saa'a r-raa-bi'a wa thalaa-thoû-na daqii-qa ba'da Z-Zouhr* ; il est quatre heures et demie de l'après-midi).
- **al-sâ'a al-thâmina wa khams wa arba'ûna daqîqa SabâHan** (*as-saa'a th-thaa-mina wa kham-s wa ar-ba'oû-na daqii-qa Sabaa-Ha-n* ; il est huit heures quarante-cinq du matin).

Mots clés

inTilâq	*in-Tilaa-q*	départ
inTalaqa/ yan-Taliqu	*in-Talaqa/ yan-Taliqou*	partir
Hâfila	*Haa-fila*	autobus
maHaTTa	*maHaT-Ta*	gare
qabla	*qab-la*	avant
biTâqa	*biTaa-qa*	billet
tadhkira	*tadh-kira*	ticket
sâ'iH	*saa-'iH*	touriste (M)
sâ'iHa	*saa-'iHa*	touriste (F)
safar	*safar*	voyage
riHla	*riH-la*	voyage, trajet

Au musée

J'aime les musées : on peut y apprendre tant de choses sur pratiquement tous les sujets, des systèmes d'irrigation de l'Empire romain à la technique des peintres du courant impressionniste. Dans une **madîna** (*madii-na* ; ville) arabe, le **matHaf** (*mat-Haf* ; musée) joue un rôle essentiel : il relate l'Histoire et raconte ceux qui l'ont faite ; c'est l'un des principaux moyens de préserver le patrimoine culturel d'une nation, d'une civilisation.

TRUC

Voici quelques musées orientaux particulièrement intéressants à visiter :

- L'Institut du monde arabe, à Paris
- Le département d'Art islamique du Louvre, à Paris
- Le British Museum, à Londres
- Le musée Al-Ahrâm du Caire, en Égypte
- Le musée Al-Batha de Fès, au Maroc

Une **ziyâra** (*ziyaa-ra* ; visite) dans un **matHaf** peut être une expérience **jamîla** (*jah-mii-lah* ; belle), à condition toutefois de respecter un certain nombre de **qawâ'id** (*qawaa-'id* ; règles).

Le mot **mamnû'** (*mam-noû-'*) signifie « interdit », et le mot **Darûriyy** (*Daroû-riy-y*) signifie « obligatoire ». Lorsque vous lirez le mot **mamnû'**, ce sera souvent sous une image barrée d'un trait rouge. Faites bien attention de ne pas enfreindre les **qawâ'id**, pour ne pas avoir de problèmes avec le personnel du **matHaf** !

En visitant un **matHaf**, vous verrez des signes dont la signification sera la suivante :

- » **al-taSwîr mamnû'** (*at-taS-wii-r mam-noû-'* ; interdit de prendre des photos).
- » **al-dukhûl mamnû'** (*ad-doukhoû-l mam-noû-'* ; entrée interdite).
- » **al-tadkhîn mamnû'** (*at-tad-khii-n mam-noû-'* ; interdit de fumer).
- » **al-akl mamnû'** (*al-ak-l mam-noû-'* ; interdit de manger).
- » **al-churb mamnû'** (*ach-chour-b mam-noû-'* ; interdit de boire).
- » **al-Hidhâ' Darûriyy** (*al-Hidhaa-' daroû-riy-y* ; port des chaussures obligatoire).
- » **malâbis munâsiba Darûriyya** (*malaa-bi-s mounaa-siba Daroû-riy-ya* ; tenue correcte exigée).

Mots clés

yawm	*yaw-m*	jour
al-yawm	*al-yaw-m*	aujourd'hui
fataHa/yaf-taHu	*fataHa/yaf-taHou*	ouvrir
al-ân	*al-aa-n*	maintenant

GRAMMAIRE

Le verbe **zâra/yazûru** (zaa-ra/yazoû-ru ; visiter) est un verbe irrégulier, car il comporte une lettre « malade » : la deuxième lettre de ce verbe est **wâw**, qui se transforme parfois en **alif**, ou bien encore disparaît complètement.

CULTURE

LES SAVANTS ARABES ET LA CIVILISATION OCCIDENTALE

Entre le IXe et le XVe siècle, des savants arabes ont traduit de nombreux ouvrages grecs, notamment dans le domaine des mathématiques (œuvres d'Euclide, de Ptolémée), de la médecine (Galien, Hippocrate) et de la philosophie (Aristote, Platon). De Bagdad à Cordoue, ces érudits étudiaient ces textes en profondeur, les augmentaient, développaient les idées et théories des Anciens, contribuant ainsi à l'évolution du savoir universel. Les traductions latines des ouvrages arabes représentèrent une passerelle importante entre le monde arabo-musulman et l'Europe, favorisant de fructueux échanges, et donnant au monde occidental une impulsion non négligeable qui lui ouvrit progressivement les portes de la modernité.

Si vous voulez faire du tourisme, il vous sera utile de savoir conjuguer ce verbe **mâDî** (*maa-Dii* ; passé, accompli) comme au **muDâri'** (*mouDaa-ri'* ; présent, inaccompli).

Au passé :

Forme	Prononciation	Français
zurtu	*zour-tou*	J'ai visité
zurta	*zour-ta*	Tu as visité (M)
zurti	*zour-ti*	Tu as visité (F)
zâra	*zaa-ra*	Il a visité
zârat	*zaa-rat*	Elle a visité
zurtumâ	*zour-tou-maa*	Vous avez visité (D)
zârâ	*zaa-raa*	Ils ont visité (D)

Forme	Prononciation	Français
zâratâ	*zaa-rataa*	Elles ont visité (D)
zurnâ	*zour-naa*	Nous avons visité
zurtum	*zour-toum*	Vous avez visité (M)
zurtunna	*zour-toun-na*	Vous avez visité (F)
zârû	*zaa-roû*	Ils ont visité
zurna	*zour-na*	Elles ont visité

Mots clés

ziyâra	*ziyaa-ra*	visite
mumti'	*moum-ti'*	plaisant, agréable
jiddan	*jid-da-n*	très
ra'â/yarâ	*ra-'aa/yaraa*	voir
ba 'D	*ba'-D*	quelques
'amal	*'amal*	œuvre
a'mâl	*a'-maa-l*	œuvres
rasm	*ras-m*	dessin, peinture
manHût	*ma-n-Hoû-t*	sculpté
naHt	*naHt*	sculpture
rukhâm	*roukhaa-m*	marbre
jamîl	*jamii-l*	beau
wasaT al-madîna	*wa-saT al-madii-na*	centre-ville
dukhûl	*doukhoû-l*	entrée
khurûj	*khouroû-j*	sortie

À l'inaccompli :

Forme	Prononciation	Français
azûru	*azoû-rou*	Je visite
tazûru	*tazoû-rou*	Tu visites (M)
tazûrîna	*tazoû-rii-na*	Tu visites (F)
yazûru	*yazoû-rou*	Il visite
tazûru	*tazoû-rou*	Elle visite
tazûrâni	*tazoû-raa-ni*	Vous visitez (D)
yazûrâni	*yazoû-raa-ni*	Ils visitent (D)
tazûrâni	*tazoû-raa-ni*	Elles visitent (D)
nazûru	*nazoû-rou*	Nous visitons
tazûrûna	*tazoû-roû-na*	Vous visitez (M)
tazurna	*tazour-na*	Vous visitez (F)
yazûrûna	*yazoû-roû-na*	Ils visitent
yazurna	*yazour-na*	Elles visitent

Visiter des sites sacrés

Si vous avez un jour la chance de pouvoir vous rendre dans un pays arabe, je vous suggère de visiter quelques-uns des beaux sites sacrés qui vous seront proposés. Dans une ville du monde arabe, ne manquez pas de visiter au moins une mosquée, que l'on appelle en arabe **masjid** (*mas-jid*) ou **jâmi'** (*jaa-mi'*). Les plus grandes mosquées du monde musulman se trouvent à Bagdad, en Irak, à Damas, en Syrie (mosquée des Omeyyades), à Jérusalem (mosquée Al-Aqsa), au Caire, en Égypte (mosquée Al-Azhar), à Tunis, en Tunisie (mosquée Al-Zaytouna) et à Kairouan (mosquée Sîdî Ouqba), à Tlemcen, en Algérie, à Fès, au Maroc (mosquée

Qarawiyyîn), ou encore à Cordoue, dans l'Espagne andalouse.

Quelques règles à ne pas oublier

Pour visiter les **masâjid** (ou **jawâmi'**), vous devez observer certaines **qawâ'id** (*qawaa-'id* ; règles) :

- Si vous êtes musulman, vous pouvez pénétrer dans n'importe quelle **masjid**. Cependant, il vous faut avoir au préalable retiré vos chaussures et prononcé la **chahâda** (*cha-haa-da* ; profession de foi) : **lâ ilâha illâ allâh wa muHammad rasûlu allah** (*laa-ilaa-ha il-laa-l-laa-ha wa-mouham-mad rasoû-lou l-laa-h* ; il n'est de Dieu que Dieu et Mahomet est son Prophète).
- Si vous n'êtes pas musulman, il ne vous est pas toujours autorisé d'entrer dans une **masjid**, que ce soit au Moyen-Orient, en Europe ou n'importe où dans le monde. Toutefois, dans certaines mosquées, comme **jâmi' al-umawiyyîn** à Damas, o **jâmi' al-Azhar** au Caire, il existe des zones accessibles aux non-musulmans aussi bien qu'aux musulmans. Ce sont davantage des lieux de visite que des salles de prière, c'est pourquoi vous avez la possibilité d'y entrer, mais vous devez avoir retiré votre paire de **Hidhâ'** (*Hidhaa-'* ; chaussures), et, pour les dames, vous être couvert la tête.

CULTURE

Le mot **masjid** vient du verbe **sajada** (*sajada*) qui signifie « se prosterner ». Le mot **jâmi'** (*jaa-mi'*), qui vient du mot **jama'a** qui signifie « se rassembler ». Ainsi, en arabe, on désigne le lieu de culte par des termes qui sont liés à ce que l'on y fait : se rassembler et prier.

Le Hajj

Pour les musulmans, un des moments les plus importants de l'année est le **Hajj** (*Haj-j*), c'est-à-dire le pèlerinage à La Mecque. Le **Hajj,** qui dure généralement cinq jours, se fait une fois par an, et il compte parmi les cinq piliers de l'islam. Participer au **Hajj** est une obligation (**farîDa** ; *farii-Da*) pour les musulmans qui en ont les moyens, mais comme un pèlerinage peut coûter cher, il est largement admis que l'on puisse être un bon musulman sans l'avoir jamais fait.

Pendant le **Hajj,** les **Hujjâj** (*Houj-jaa-j* ; pèlerins) doivent observer un certain nombre de **qawâ'id.** Dès qu'ils arrivent à La Mecque, les **Hujjâj** doivent échanger tous leurs vêtements et tout ce qu'ils possèdent contre des sandales et un simple **iHrâm** (*iH-raa-m*), c'est-à-dire un linge blanc enroulé autour du corps. Ils ne doivent porter ni montre, ni bijoux, ni quoi que ce soit d'autre. La signification du port de l'**iHrâm** est que tous les **Hujjâj** sont égaux devant Dieu, et que pendant le **Hajj**, il n'existe aucune différence entre un roi et un mendiant.

Une fois revêtus de l'**iHrâm,** les **Hujjâj** s'adonnent à un rituel appelé le **Tawâf** (*Tawaa-f* ; effectuer des circonvolutions, tourner), qui consiste à marcher autour de la **ka'ba** (*ka'-ba*), une construction en forme de cube située au milieu de **al-masjid al-Harâm** (*l-mas-jid al-Haraa-m* ; la sainte mosquée de La Mecque). Selon certains textes anciens, la **ka'ba** aurait été construite par le prophète Abraham pour les besoins du culte. Les **Hujjâj** doivent en faire sept fois le tour, dans le sens contraire des aiguilles d'une montre. Après le **Tawâf,** les **Hujjâj** se rendent sur les collines de Safa et de Marwah, puis à Médine, ville dans laquelle le Prophète Mahomet est enterré. De Médine, ils se rendent au mont Arafat, puis dans la ville de Mina, avant de revenir à la **ka'ba** pour un dernier **Tawâf.**

Le **Hajj** étant un des cinq piliers de l'islam, des millions de gens font chaque année le voyage en Arabie Saoudite pour participer à ce pèlerinage, ce qui en fait de loin le pèlerinage religieux le plus important du monde. En fait, il n'est pas rare que les villes de La Mecque et de Médine accueillent plus de cinq millions de **Hujjâj** pendant le **Hajj.** Lorsqu'un musulman a accompli le **Hajj,** il bénéficie d'un statut particulier au sein de la communauté musulmane, matérialisé par le titre de **Hâjj** (*Haa-j-j*) pour un homme et **Hâjja** (*Haa-j-ja*) pour une femme.

ATTENTION !

La loi saoudienne interdit aux non-musulmans de pénétrer dans La Mecque durant la période du **Hajj**. Si vous n'êtes pas musulman, vous pourrez visiter l'Arabie Saoudite et certains de ses autres sites sacrés pendant cette période, mais vous ne pourrez pas voir la **ka'ba** ni les autres sites liés au **Hajj.**

Chapitre 11

Pratiquer des activités physiques

DANS CE CHAPITRE :

- **Faire du sport**
- **Aller à la plage**

Le verbe « faire »

À côté des sorties culturelles, vous pouvez également vous consacrer à des activités sportives ou artistiques. Commençons par découvrir le vocabulaire de base.

Pour demander à quelqu'un ce qu'il fait, utilisez le verbe **fa'ala/yaf'alu** (*fa'ala/yaf-'alou* ; faire) : **mâdhâ taf'al ?** (*maa-dhaa taf-'al* ; que fais-tu ?). Mais attention ! Ce verbe ne s'emploie pas à tout bout de champ comme en français (je fais de la peinture, je fais du vélo, je fais mon travail...). Il faudra utiliser les verbes adaptés à chaque situation et à chaque type d'activité.

Pour une tâche, un travail, on emploiera plutôt le verbe **qâma/yaqûmu** (*qaa-ma/yaqoû-mu*) qui, suivi de la préposition **bi**, signifie « accomplir ». Voici quelques exemples :

- **dhahaba al-walad ilâ al-maktaba li-yaqûma bi-'amali-hi** (*dha-haba al-walad ilaa l-mak-taba li-yaqoû-ma bi-'amalihi* ; le garçon est allé à la bibliothèque pour faire son travail).

- **qâmat bi-farDi-hâ 'alâ al-Tâwila** (*qaa-ma-t bi-far-Di-haa 'alaa T-Taa-wila* ; elle a fait son devoir/travail sur la table).
- **qumtu bi-al-tamâ-rîn fî al-manzil** (*qoum-tou bi-t-tamaa-rii-n fii l-man-zil* ; j'ai fait les exercices à la maison).
- **taqûmu bi-tajâ-rib fî al-Hadîqa** (*taqoû-mou bi-tajaa-rib fii-l-Hadii-qa* ; elle fait des expériences dans le jardin).
- **a-taqûmûna bi- 'amal al-ghad ?** (*a-taqoû-moû-na bi- 'amal al-ghad* ; êtes-vous en train de faire le travail pour demain ?)

Un peu de sport ?

Je ne sais pas quels sont vos goûts, mais, pour ma part, j'aime beaucoup **al-riyâDa** (*al-riyaa-Da* ; le sport). Comme sport individuel, j'aime particulièrement **al-gûlf** (*al-goû-l-f* ; le golf), et comme sport d'équipe, j'aime **kurat al-qadam** (*koura-t al-qadam* ; le football), l'un des sports les plus appréciés dans le monde arabe. Au Moyen-Orient comme au Maghreb, c'est un sport « national ». Une **mubârâ** (*moubaa-raa* ; match) se déroule généralement de la façon suivante : un **farîq** (*farii-q* ; équipe) de onze joueurs affronte un autre **farîq** sur un **mal'ab** (*mal-'ab* ; stade). Les spectateurs suivent avec attention **al-natîja** (*an-natii-ja* ; le score) en espérant que leur **farîq** favori parviendra à **al-fawz** (*al-faw-z* ; la victoire). Il n'est pas surprenant de voir des supporters excités réagir un peu trop fort à chaque **khaTa'** (*khaTa'* ; faute) et être en désaccord avec le **Hakam** (*Haka-m* ; arbitre).

Si vous aimez **kurat al-qadam** ou un autre sport d'équipe, et si vous aimez en parler avec des amis, les termes suivants reviendront souvent dans la conversation :

- » **libâs li-al-riyâDa** (*libaa-s li r-riyaa-Da* ; tenue de sport)
- » **hazîma** (*hazii-ma* ; défaite)
- » **kura** (*koura* ; ballon)
- » **lâ'ib** (*laa-'ib* ; joueur)
- » **lâ'iba** (*laa-'iba* ; joueuse)

kurat al-qadam est loin d'être le seul sport populaire dans le monde arabe. En voici quelques autres :

- » **sibâHa** (*sibaa-Ha* ; natation)
- » **furûsiyya** (*fouroû-siy-ya* ; équitation)
- » **kurat aT-Tâ'ira** (*koura-t T-Taa-'ira* ; volley-ball)
- » **kurat as-salla** (*koura-t- s-sal-la* ; basket)
- » **kurat al-miDrab** (*koura-t l-miD-rab* ; tennis)
- » **darrâja** (*dar-raa-ja* ; bicyclette)
- » **jumbâz** (*joum-baa-z* ; gymnastique)
- » **sibâq sayyârât** (*sibaa-q say-yaa-raa-t* ; course automobile)

Quand on parle de sport ou d'autres activités de loisirs, on utilise souvent le verbe **la'iba** (*la'iba* ; jouer).

Voici ce verbe au **mâDî** :

Forme	Prononciation	Français
la'ibtu	*la'ib-tou*	J'ai joué
la'ibta	*la'ib-ta*	Tu as joué (M)
la'ibti	*la'ib-ti*	Tu as joué (F)

Forme	Prononciation	Français
la'iba	*la'iba*	Il a joué
la'ibat	*la'iba-t*	Elle a joué
la'ibtumâ	*la'ib-toumaa*	Vous avez joué (D)
la'ibâ	*la'ibaa*	Ils ont joué (D)
la'ibatâ	*la'ibataa*	Elles ont joué (D)
la'ibnâ	*la'ib-naa*	Nous avons joué
la'ibtum	*la'ib-toum*	Vous avez joué (M)
la'ibtunna	*la'ib-toun-na*	Vous avez joué (F)
la'ibû	*la'iboû*	Ils ont joué
la'ibna	*la'ibna*	Elles ont joué

Pour conjuguer le verbe « jouer » au **muDâri'**, utilisez comme forme de référence **yal'abu** :

Forme	Prononciation	Français
al'abu	*al-'abou*	Je joue
tal'abu	*tal-'abou*	Tu joues (M)
tal'abîna	*tal-'abii-na*	Tu joues (F)
yal'abu	*yal-'abou*	Il joue
tal'abu	*tal-'abou*	Elle joue
tal'abâni	*tal-'abaa-ni*	Vous jouez (D)
yal'abâni	*yal-'abaa-ni*	Ils jouent (D)
tal'abâni	*tal-'abaa-ni*	Elles jouent (D)
nal'abu	*nal-'abou*	Nous jouons
tal'abûna	*tal-'aboû-na*	Vous jouez (M)
tal'abna	*tal-'ab-na*	Vous jouez (F)
yal'abûna	*yal-'aboû-na*	Ils jouent
yal'abna	*yal-'ab-na*	Elles jouent

Ainsi, par exemple, vous pourrez dire **al'abu kurat as-salla** (*al-'abou koura-t s-sal-la* ; je joue au basket) ou **la'ibat kurat al-miDrab** (*la'iba-t koura-t l-miD-rab* ; elle a joué au tennis).

Une expression souvent utilisée quand il s'agit d'activités sportives et de loisirs est **hayyâ bi-nâ** (*hay-yaa bi-naa* ; allons-y). Vous entendrez souvent prononcer ces termes suivis de l'activité ou du lieu, comme dans la phrase **hayyâ bi-nâ ilâ mal'ab kurat al-qadam** (*hay-yaa bi-naa ilaa mal-'ab kourat-al-qada-m* ; allons sur le terrain de foot).

Mots clés

fikra	*fik-ra*	idée
ghadan	*ghada-n*	demain
sâ'a	*saa-'a*	heure
madrasa	*mad-ra-sa*	école
kura	*koura*	ballon
mal'ab	*mal-'ab*	stade

Aller à la plage

L'été, qui n'aime pas aller à **al-châTi'** (*ach-chaa-Ti'* ; la plage) ? Avec **al-aSdiqâ'** (*al-aS-di-qaa-'* ; les amis) ou avec **al-usra** (*al-ous-ra* ; la famille), la plage est un bon endroit pour passer un moment agréable, que ce soit pour **al-sibâHa** (*as-si-baa-Ha* ; la natation) dans **al-baHr** (*al-baHr* ; la mer) ou pour jouer dans **al-raml** (*ar-ram-l* ; le sable).

Mots clés

malâbis al-sibâHa	*malaa-bi-s al-si-baa-Ha*	maillot de bain
dihân li-al-chams	*dihaa-n li-ch-cham-s*	crème solaire
chams	*cham-s*	soleil
saHâb	*saHaa-b*	nuage
châTi’	*chaa-Ti’*	plage
muHîT	*mouHii-T*	océan
baHr	*baH-r*	mer
miZalla	*miZal-la*	parasol
raml	*ram-l*	sable
ramla	*ram-la*	plage de sable
mawja	*maw-ja*	vague

Chapitre 12

Sortir

DANS CE CHAPITRE :

» **Aller au cinéma**

» **Faire de la musique**

On se fait une toile ?

Aller voir un **fîlm** (*fii-l-m* ; film) dans un **sînimâ** (*sii-ni-maa* ; cinéma), voilà une distraction comme on les aime au Moyen-Orient. Les films d'action constituent un genre particulièrement apprécié : si, lors d'un séjour dans un pays arabe, vous avez l'occasion d'aller au cinéma, ne soyez pas surpris de voir Clint Eastwood ou Jackie Chan à l'affiche ! La plupart du temps, le film sera en version originale avec **tarjama** (*tar-jama* ; sous-titres).

Voici d'autres genres de films prisés du public :

» **mughâmara** (*moughaa-mara* ; aventure)

» **hazliyya** (*haz-liy-ya* ; comédie)

» **drâmâ** (*draa-maa* ; drame)

» **wathâ'iqiyy** (*wathaa-'iqiy-y* ; documentaire)

» **rusûm mutaHarrika** (*rou-soû-m moutaHar-rika* ; dessin animé)

Le verbe le plus généralement approprié, pour exprimer le fait d'aller au cinema, est **dhahaba/yadh-hab** (*dha-haba/yadh-hab* ; aller). À l'aide des tableaux de conjugaison qui suivent, vous pourrez dire **dhahabtu**

ilâ al-sînimâ (*dha-hab-tou ilaa s-sii-nimaa* ; je suis allé au cinéma) ou **yadhhabu ilâ al-sînimâ** (*yadh-habou ilaa s-sii-nimaa* ; il va au cinéma), et bien davantage encore.

Voici le verbe **dhahaba/yadhabu** au **mâDî** :

Forme	Prononciation	Français
dhahabtu	*dha-hab-tou*	Je suis allé
dhahabta	*dha-hab-ta*	Tu es allé
dhahabti	*dha-hab-ti*	Tu es allée
dhahaba	*dha-haba*	Il est allé
dhahabat	*dha-haba-t*	Elle est allée
dhahabtumâ	*dha-hab-toumaa*	Vous êtes allés (D)
dhahabâ	*dha-habaa*	Ils sont allés (D)
dhahabatâ	*dha-habataa*	Elles sont allées (D)
dhahabnâ	*dha-hab-naa*	Nous sommes allé(e)s
dhahabtum	*dha-hab-toum*	Vous êtes allés
dhahabtunna	*dha-hab-toun-na*	Vous êtes allées
dhahabû	*dha-haboû*	Ils sont allés
dhahabna	*dha-hab-na*	Elles sont allées

Le verbe **dhahaba/yadhhabu** au **muDâri'** :

Forme	Prononciation	Français
adhhabu	*adh-habou*	Je vais
tadhhabu	*tadh-habou*	Tu vas (M)
tadhhabîna	*tadh-habii-na*	Tu vas (F)
yadhhabu	*yadh-habou*	Il va
tadhhabu	*tadh-habou*	Elle va
tadhhabâni	*tadh-habaa-ni*	Vous allez (D)
yadhhabâni	*yadh-habaa-ni*	Ils vont (D)
tadhhabâni	*tadh-habaa-ni*	Elles vont (D)
nadhhabu	*nadh-habou*	Nous allons

Forme	Prononciation	Français
tadhhabûna	*tadh-haboû-na*	Vous allez (M)
tadhhabna	*tadh-hab-na*	Vous allez (F)
yadhhabûna	*yadh-haboû-na*	Ils vont
yadhhabna	*yadh-hab-na*	Elles vont

Mots clés

Arâda/yurîdu	*Araa-da/yourii-dou*	vouloir
ba'îd	*ba'ii-d*	loin
qarîb	*qarii-b*	près
âkhir	*aa-khir*	dernier
kathîran	*kathii-ra-n*	beaucoup
qalîlan	*qalii-la-n*	un peu
mumaththil	*moumath-thil*	acteur
mumaththila	*moumath-thila*	actrice
mudîr	*moudii-r*	réalisateur
muchâhid	*mouchaa-hid*	spectateur
muchâhida	*mouchaa-hida*	spectatrice

Musique, maestro !

Ne dit-on pas que la **mûsîqâ** (*moû-sii-qaa* ; musique) est un langage universel ? Quelles que soient vos origines et quelle que soit votre langue maternelle, la **mûsîqâ** a le pouvoir de supprimer les barrières et de rassembler les gens, sans doute davantage que n'importe quelle autre discipline. Les **âlât mûsîqiyya** (*aa-laa-t moû-sii-qiy-ya* ; instruments de musique) les plus connus sont les suivants :

- **biyânû** (*bi-yaa-noû* ; piano)
- **'ûd** (*'oû-d* ; luth)
- **qânûn** (*qaa-noû-n* ; kanoun : sorte de cithare ; mot d'origine grecque, *organon*)
- **qîthâr** (*qii-thaa-r* ; guitare, cithare)
- **kamanja** ou **kamân** (*kaman-ja* ou *kamaa-n* ; violon)
- **Tabl** (*Tab-l* ; tambour, tam-tam)
- **dirbakka** (*dir-bak-ka* ; derbouka : tambour fin dont le socle est souvent en argile)
- **nây** (*naa-y* ; flûte)
- **bûq** (*boû-q* ; trompette)

Pour dire qu'untel joue de tel instrument, utilisez le verbe **'azafa/ya'zif** suivi de la préposition **'alâ**, ou de la préposition **bi** pour les instruments à vent. Ainsi, par exemple, **ya'zifu 'alâ al-qîthâr** (*ya'-zifou 'alaa l-qii-thaar*) signifie « il joue de la guitare ».

CULTURE

La musique orientale est une des musiques les plus prisées dans le monde. On y retrouve invariablement un genre particulier d'instrument à cordes appelé **'ûd** (*'oû-d* ; luth). Il s'agit d'un instrument à cordes tendues sur une caisse arrondie. Le **'ûd** est généralement accompagné par des percussions qui aident à garder le rythme et qui complètent bien les volutes mélodiques du '**ûd**.

Parmi les genres de musique orientale particulièrement populaires au Maghreb, on citera le **cha'biyy** (*cha-'biy-y*), et le **rây** (*raa-y*). Le raï utilise des instruments arabes comme le **'ûd** et le **Tabl**, mais aussi les instruments modernes du rock et du jazz, notamment la guitare électrique, le saxophone et la trompette. Un des chanteurs de raï les plus connus est Châbb Khaled.

Les loisirs

riyâDa et **mûsîqâ** ne sont là que des loisirs parmi d'autres. Peut-être la **qirâ'a** (*qiraa-'a* ; lecture) est-elle votre **hiwâya** (*hiwaa-ya* ; loisir) de prédilection ? Ou bien, si vous êtes créatif, peut-être préférez-vous **al-rasm** (*ar-ras-m* ; le dessin) ou **al-fakhkhâr** (*fakh-khaa-r* ; la poterie) ?

Voici quelques autres loisirs possibles :

» **waraq la 'ib** (*waraq la- 'ib* ; jeux de cartes)

» **awrâq** (*aw-raa-q* ; cartes)

» **raqS** (*raq-S* ; danse)

» **chaTranj** (*chaT-ran-j* ; échecs)

» **Hiyâka** (*Hiyaa-ka* ; tissage)

» **chi'r** (*chi-'-r* ; poésie)

Pour parler d'un sport que vous pratiquez, utilisez le verbe **mârasa/yumârisu** (*maa-ra-sa/youmaa-ri-sou*). Ainsi **umârisu kurat al-qadam** (*oumaa-ri-sou koura-t l-qada-m*) signifie « je pratique le football ». Mais si vous tenez à raconter votre dernier match, utilisez le verbe **la'iba/yal'ab** (jouer). Vous pourrez dire par exemple **la'ibtu kurat al-qadam** (*la-'ib-tou koura-t al-qadam* ; j'ai joué au football). Pour la pratique de la musique, employez le verbe **'azafa/ya 'zifu : ya'zifu 'alâ al-kamanja** (*ya'-zi-fou 'alaa l-kaman-ja*) veut dire « il joue du violon ».

Voici d'autres exemples relatifs aux loisirs :

» **tal'abu al-chaTranj** (*tal-'abou ch-chaT-ran-j* ; elle joue aux échecs).

» **la'ibnâ kurat al-salla** (*la-'ib-naa koura-t s-sal-la* ; nous avons joué au basket).

- **la'ibû al-awrâq** (*la-'iboû l-aw-raa-q* ; ils ont joué aux cartes).
- **umâris al-raqS** (*oumaa-ri-s r-raq-S* ; je pratique la danse).

Chapitre 13
Communiquer

DANS CE CHAPITRE :

» **Comment commencer une conversation téléphonique**

» **Comment faire des projets au téléphone**

» **Comment laisser un message**

Personnellement, j'aime beaucoup utiliser le **hâtif** (*haa-tif* ; téléphone). C'est un bon moyen de communiquer avec ses amis, d'organiser son travail et ses loisirs, et de se faciliter la vie. Rien qu'avec un téléphone, vous pouvez entrer en contact avec n'importe qui, dans le monde entier, et lui parler de ce qui vous passe par la tête : qu'il s'agisse de votre sport favori ou de l'actualité politique, de vos devoirs scolaires ou des ragots colportés par vos collègues de travail !

Il n'y a pas vingt ans, on ne connaissait pas encore le téléphone mobile qui permet de tenir une **mukâlama hâtifiyya** (*moukaa-lama haa-tifiy-ya* ; conversation téléphonique) depuis n'importe quel lieu. Du fait de cette flexibilité, il est devenu plus important encore d'être capable de tenir une conversation en arabe. Dans ce chapitre, vous apprendrez à entamer correctement une **mukâlama hâtifiyya,** à utiliser le téléphone pour organiser des rendez-vous ou laisser un message en arabe. Avec toute cette information, vous pourrez bientôt donner le change au téléphone !

Quelques bases

Avant de pouvoir converser au **hâtif** (*haa-tif* ; téléphone) avec vos amis avec assez d'aisance pour qu'on vous appelle « l'Oriental », vous devez vous familiariser avec la terminologie de base :

- **hâtif 'umûmiyy** (*haa-tiff 'oumoû-miy-y* ; téléphone public)
- **hâtif maHmûl** (*haa-tif maH-moû-l* ; téléphone portable)
- **hâtif naqqâl** (*haa-tif naq-qaa-l* ; téléphone mobile)
- **hâtif khalawiyy** (*haa-tif khalawiy-y* ; cellulaire)
- **raqm al-hâtif** (*raq-m al-haa-tif* ; numéro de téléphone)
- **biTâqa hâtifiyya** (*biTaa-qa haa-tifiy-ya* ; carte téléphonique)
- **mukâlama hâtifiyya** (*moukaa-lama haa-tifiy-ya* ; conversation téléphonique)

Comment commencer une conversation téléphonique

Il existe plusieurs moyens d'entamer une conversation au téléphone. Le plus courant, que ce soit vous qui appeliez ou que vous receviez la communication, consiste à dire simplement **âlû** (*aa-loû* ; allô).

Le plus correct est de vous annoncer dès que votre correspondant aura dit **âlû,** surtout si vous n'êtes pas de vieilles connaissances. Si c'est vous qui appelez, vous pouvez dire **anâ** (*anaa* ; je suis) puis votre nom. Vous pouvez aussi dire **hâdhâ** (M)/**hâdhihi** (F) (*haa-dhaa/*

haa-dhi-hi ; c'est) puis votre nom. Après avoir dit **âlû**, vous pouvez dire **al-salâmu 'alay-kum** (*as-salaa-mou 'alay-koum* ; bonjour) ou **ahlan wa sahlan** (*ah-la-n wa sah-la-n* ; salut). Pour plus de précisions sur la façon de saluer, de se présenter et d'échanger quelques mots, voir le chapitre 7.

À qui voulez-vous parler ?

La personne qui décroche n'est pas toujours celle à qui vous vouliez parler. Pour obtenir l'interlocuteur désiré, vous pouvez demander : **hal** (nom de la personne) **hunâ ?** (*hal* [nom] *hounaa*), ou bien **hal** (nom de la personne) **mawjûd** (M)/**mawjûda** (F) **?** (*hal* [nom] *maw-joû-d*/*maw-joû-da*), c'est-à-dire « est-ce que (nom) est là ? ».

Vous pouvez aussi utiliser les pronoms personnels **huwa** (si la personne à qui vous voulez parler est un homme) et **hiya** (si c'est une femme).

Mots clés

anâ	*anaa*	je
hiya	*hiya*	elle
huwa	*houwa*	lui/il
Sadîq	*Sadii-q*	ami
Sadîqa	*Sadii-qa*	amie
hunâ	*hounaa*	ici
intaZir	*in-taZir*	attends (à un garçon)
intaZirî	*in-taZirii*	attends (à une fille)
daqîqa !	*daqii-qa*	une minute !

Organiser son emploi du temps par téléphone

Le téléphone est utile pour maintenir le contact avec les amis et avec la famille, mais aussi pour organiser des **mawâ'id** (*mawaa-'id* ; rendez-vous). Vous allez découvrir ici la terminologie spécifique qui vous sera utile pour ce genre de situations.

Les rendez-vous privés

Vous ne serez pas aussi formel quand vous parlerez à un ami que lorsqu'il s'agira d'une relation de travail. Pour organiser des rendez-vous avec vos amis, vous pourrez utiliser le vocabulaire suivant :

- **maT'am** (*maT-'am* ; restaurant)
- **sînimâ** (*sii-ni-maa* ; cinéma)
- **matHaf** (*mat-Haf* ; musée)
- **waqt fârigh** (*waq-t faa-righ* ; temps libre)

Mots clés

mukâlamatu-ka	*moukaa-lamatou-ka*	ton appel (M)
mukâlamatu-ki	*moukaa-lamatou-ki*	ton appel (F)
waqt	*waq-t*	temps
fârigh	*faa-righ*	heure
uHibbu	*ou-Hib-bou*	j'aime
ghadan	*ghada-n*	demain

Les rendez-vous professionnels

Les rendez-vous avec les amis, c'est la belle vie, mais parfois, vous devez aussi vous servir du **hâtif** pour certaines obligations : pour prendre un **maw'id** (*maw-'id* ; rendez-vous) chez le dentiste, ou pour organiser une rencontre : **liqâ'** (*liqaa-'*) avec un client. Là encore, une terminologie spécifique s'impose.

Mots clés

maw'id	*maw-'id*	rendez-vous
ijtimâ'	*j-timaa-'*	réunion
sayyid	*say-yid*	Monsieur
sayyida	*say-yida*	Madame
ra'îs	*ra-'ii-s*	résident
kâtiba	*kaa-ti-ba*	secrétaire
charika	*charika*	société
sâ'ada/ yusâ'idu	*saa-'ada/ you-saa-'idou*	aider
usâ'idu	*ou-saa-'idou*	j'aide
urîdu	*ourii-dou*	je veux, je voudrais
machghûl	*mach-ghoû-l*	occupé

Laisser un message

On n'a pas toujours la chance de pouvoir joindre la personne désirée. Il est alors souhaitable de pouvoir laisser un message : **risâla** (*ri-saa-la*).

Sur une messagerie vocale

Sur une messagerie, n'oubliez pas d'inclure dans votre **risâla** les éléments suivants :

- **ismu-ka** (*is-mou-ka* ; votre nom)
- **sâ 'at al-mukâlama** (*saa-'a-t al-moukaa-lama* ; l'heure de l'appel)
- **raqm hâtifi-ka** (*raq-m haa-tifi-ka* ; votre numéro de téléphone)
- **aHsan waqt li al-ittiSâl bi-ka** (*aH-sa-n waq-t li-l-it-tiSaa-l bi-ka* ; le meilleur moment pour vous contacter)

Selma essaie de joindre Éric au téléphone, mais elle entend l'annonce suivante :

ahlan, hâdhâ îrîk. lastu hunâ, wa lâkin, idhâ tarakta isma-ka wa raqm hâtifi-ka, fa-sa-attaSil bi-ka fî aqrab waqt mumkin. (*ah-la-n, haa-dhaa ii-rii-k. las-tou hounaa, wa laa-ki-n, idhaa tarak-ta s-ma-ka wa raq-ma haa-tifi-ka, fa-sa-at-taSil bi-ka fii aq-rab waq-t moum-ki-n* ; Bonjour, ici Éric. Je ne suis pas là, mais si vous me laissez votre nom et votre numéro de téléphone, je vous rappellerai dès que possible.)

Selma laisse alors le message suivant :

ahlan wa sahlan îrîk. hâdhihi salmâ. al-sâ'a al-wâHida wa al-niSf. naHnu yawm al-khamîs. hal yumkin an tattaSil b-î 'inda wuSûli-ka ilâ al-dâr ? aHsan waqt li al-ittiSâl b-î huwa mâ ba'da al-sâ'a al-khâmisa. raqm hâtif-î huwa Sifr wâHid, khamsa wa arba'ûn, ithnân wa thalâthûn, thalâtha wa khamsûn, aHada 'achara. chukran ! (*ah-la-n wa sah-la-n ii-rii-k. haa-dhi-hi* *sal-maa. as-saa-'a l-waa-Hida wa n-niSf. naH-nou yaw-m al-khamii-s. hal youm-ki-n a-n tat-taSil -bii 'i-n-da wouSoû-li-ka ilaa d-daa-r ? aH-sa-n waq-t li -l-it-tiSaa-l -bii houwa maa ba-'da s-saa-'a l-khaa-mi-sa. raq-m haa-tif-ii houwa Sif-r waa-Hid, kham-sa wa ar-ba-'oû-n, ithnaan wa thalaa-toûn thalaa-tha wa kham-soû-n, aHada 'achara. Chouk-ra-n !* ; Bonjour Éric. C'est Selma. Il est une heure et demie. Nous sommes jeudi. Peux-tu me rappeler lorsque tu rentreras ? Le meilleur moment pour me joindre est après cinq heures. Mon numéro de téléphone est le 01 45 53 11. Merci !)

Confier un message à quelqu'un

Si vous chargez quelqu'un de transmettre votre **risâla**, n'oubliez pas de lui préciser votre **ism** !

Mots clés

bayt	*bay-t*	maison
dâr	*daa-r*	maison
dhahaba	*dha-haba*	il est allé
dhahabat	*dha-haba-t*	elle est allée
dukkân	*douk-kaa-n*	boutique
maHall	*maHal-l*	magasin
matâ	*mataa*	quand (interrogatif)
raja'a/yarji'u	*raja'a/yar-ji-'ou*	revenir
ba'da	*ba'-da*	après
hal yumkin an	*hal youm-ki-n a-n*	est-il possible de
mukâlama hâtifiyya	*moukaa-lama haa-tifiy-ya*	appel téléphonique

CULTURE

Dans les pays arabes, sur les cadrans téléphoniques, on peut généralement lire les chiffres arabes (1, 2, 3, etc.). Une bonne nouvelle, non ?

Chapitre 14

Gérer les urgences

DANS CE CHAPITRE :

- » **Obtenir de l'aide**
- » **Dialoguer avec le médecin**
- » **Obtenir une assistance juridique**

Personne n'est à l'abri d'une catastrophe. Nous pouvons tous nous retrouver confrontés, un jour ou l'autre, à une situation difficile. En cas d'urgence, il est toujours souhaitable d'avoir les connaissances nécessaires pour pouvoir se secourir soi-même ou secourir autrui. Restez donc optimiste, car le pouvoir des pensées positives est incontestable, mais sachez aussi affronter une situation d'urgence.

Faire face à une situation d'urgence est déjà difficile en soi, mais lorsqu'il est nécessaire de s'exprimer dans une autre langue, c'est encore pire. Comment faire, si quelque chose vous arrive au cours d'un de vos voyages ? Pas de panique ! Dans ce chapitre, vous trouverez les mots, les expressions et les procédures qui vous permettront d'être à la hauteur de la situation – qu'il s'agisse d'un accident, d'un problème de santé ou d'un problème d'ordre juridique ou politique – comme si l'arabe était votre langue maternelle.

Appeler à l'aide

Si vous êtes témoin ou victime d'un vol ou d'un incendie, ou si vous êtes en présence d'une personne terrassée par un infarctus, votre premier instinct sera de crier. C'est un instinct utile. Cependant, il faut aussi que vous puissiez communiquer de façon cohérente, afin d'obtenir une **musâ'ada** (*mou-saa-'ada* ; aide). Ici, vous allez apprendre quels termes vous devez utiliser pour obtenir la **musâ'ada** appropriée.

En arabe, pour demander de l'aide, utilisez l'impératif du verbe **sâ'ada/yusâ 'id** (*saa'ada/you-saa-'id* ; aider). Dites, selon que vous vous adressez à une ou à plusieurs personnes :

- **sâ'idn-î !** (*saa-'id-n-ii* ; aide-moi !)
- **sâ'idûn-î !** (*saa-'idoû-n-ii* ; aidez-moi !)

Il existe aussi la formule **al-najda !** (*a-n-naj-da*), qui signifie « au secours ! ». Mais il faut que vous sachiez que le mot **najda** s'applique à une situation grave.

ATTENTION !

La règle de base pour appeler au secours, c'est que s'il s'agit d'une question de vie ou de mort, il faut crier **najda**. N'utilisez pas ce mot si vous venez de vous fouler la cheville en jouant au football. En revanche, en cas de noyade, d'infarctus ou de tentative de suicide, criez : **al-najda, al-najda !** (*a-n-naj-da a-n-na-j-da* ; au secours, au secours !)

Voici d'autres expressions importantes à connaître en cas d'urgence :

» **âwinûn-î !** (*'aa-winoû-n-ii* ; aidez-moi !)

» **churTa !** (*chour-Ta* ; police !)

» **aHtâj ilâ Tabîb !** (*aH-taa-j ilaa Tabii-b* ; j'ai besoin d'un médecin !)

» **liSS !** (*liS-S* ; au voleur !)

» **nâr !** (*naa-r* ; au feu !)

Le verbe « aider »

GRAMMAIRE

Le mot **musâ'ada** est dérivé du verbe **sâ'ada/yusâ 'id** (*saa'ada/you-saa-'id*) qui signifie « aider ». Crier **musâ'ada** vous permet d'attirer l'attention en cas d'urgence, mais pour obtenir une aide appropriée, mieux vaut formuler une phrase cohérente. Basez-vous sur la forme **sâ'ada** pour conjuguer le verbe « aider » au **mâDî** (*maa-Dii* ; passé) et sur la forme **yusâ'idu** (*you-saa-'idou*) pour le conjuguer au **muDâri'** (*mouDaa-ri-'* ; présent). (Pour un rappel sur les formes **mâDî** et **muDâri'**, voir le chapitre 2.)

Voici le verbe **sâ'ada** conjugué au **mâDî** :

Forme	Prononciation	Français
sâ'adtu	*saa-'ad-tou*	J'ai aidé
sâ'adta	*saa-'ad-ta*	Tu as aidé (M)
sâ'adti	*saa-'ad-ti*	Tu as aidé (F)
sâ'ada	*saa-'ada*	Il a aidé
sâ'adat	*saa-'ada-t*	Elle a aidé
sâ'adtumâ	*saa-'ad-toumaa*	Vous avez aidé (D)
sâ'adâ	*saa-'adaa*	Ils ont aidé (D)
sâ'adatâ	*saa-'adataa*	Elles ont aidé (D)

Forme	Prononciation	Français
sâ'adnâ	*saa-'ad-naa*	Nous avons aidé
sâ'adtum	*saa-'ad-toum*	Vous avez aidé (M)
sâ'adtunna	*saa-'ad-toun-na*	Vous avez aidé (F)
sâ'adû	*saa-'adoû*	Ils ont aidé
sâ'adna	*saa-'ad-na*	Elles ont aidé

Voici le verbe **yusâ'idu** au **muDâri'** :

Forme	Prononciation	Français
usâ'idu	*ou-saa-'idou*	J'aide
tusâ'idu	*tou-saa-'idou*	Tu aides (M)
tusâ'idîna	*tou-saa-'idii-na*	Tu aides (F)
yusâ'idu	*you-saa-'idou*	Il aide
tusâ'idu	*tou-saa-'idou*	Elle aide
tusâ'idâni	*tou-saa-'idaa-ni*	Vous aidez (D)
yusâ'idâni	*you-saa-'idaa-ni*	Ils aident (D)
tusâ'idâni	*tou-saa-'idaa-ni*	Elles aident (D)
nusâ'idu	*nou-saa-'idou*	Nous aidons
tusâ'idûna	*tou-saa-'idoû-na*	Vous aidez (M)
tusâ'idna	*tou-saa-'id-na*	Vous aidez (F)
yusâ'idûna	*you-saa-'idoû-na*	Ils aident
yusâ'idna	*you-saa-'id-na*	Elles aident

Porter secours

Vous pouvez vous retrouver dans une situation d'urgence si vous êtes la victime, mais également, si c'est vous qui êtes en mesure de secourir la victime. Dans ce dernier cas, les mots et les expressions à connaître sont d'une nature tout à fait différente. Ici, vous allez donc apprendre les termes qui vous seront utiles pour porter secours à autrui.

Dans ce genre de situation, la première chose à faire est souvent de poser des questions pour connaître la nature des dommages et pouvoir ainsi déterminer les actions prioritaires :

- **mâdhâ waqa'a ?** (*maa-dhaa waqa-'a* ; que s'est-il passé ?)
- **hal kullu chay' bi-khayr ?** (*hal koul-lou chay-' bi-khay-r* ; est-ce que tout va bien ?)
- **hal taHtâju ilâ musâ'ada ?** (*hal taH-taa-jou ilaa mou-saa-'ada* ; avez-vous besoin d'aide ?)
- **hal turîdu an tadhhaba ilâ al-mustachfâ ?** (*hal tourii-dou a-n tadh-haba ilaa l-mous-tach-faa* ; voulez-vous aller à l'hôpital ?)
- **hal taHtâju ilâ Tabîb ?** (*hal taH-taa-jou ilaa Tabii-b* ; avez-vous besoin d'un médecin ?)

Au téléphone, vous pouvez dire : **aHtâju ilâ musâ'ada 'âjilan** (*aH-taa-jou ilaa mou-saa-'ada 'aa-jila-n* ; j'ai besoin d'aide d'urgence).

Y a-t-il un médecin ?

Peut-être que, comme moi, vous n'aimez pas trop aller voir le médecin. Pourtant, le médecin, on ne peut pas toujours s'en passer. Vous trouverez ici les termes médicaux les plus importants, qui vous permettront de dialoguer avec le corps médical.

Trouver le médecin qui convient

En cas d'urgence médicale, vous irez au **mustachfâ** (*mous-tach-faa* ; hôpital) et vous demanderez à voir un **Tabîb** (*Tabii-b* ; médecin). Pour un simple contrôle, ce sera un **Tabîb 'âmm** (*Tabii-b 'aa-m-m* ; médecin généraliste). Pour des soins plus spécifiques, il faudra peut-être faire appel à des compétences plus pointues :

- **Tabîb asnân** (*Tabii-b as-naa-n* ; dentiste)
- **Tabîb 'uyûn** (*Tabii-b 'ouyoû-n* ; ophtalmologiste)
- **Tabîb aTfâl** (*Tabii-b aT-faa-l* ; pédiatre)

Parler de soi

Face au médecin, sachez nommer en arabe les différentes parties de votre corps et expliquer où vous avez mal. Le tableau 14.1 est une liste des principaux endroits du corps à citer.

TABLEAU 14.1 : Les parties du corps

Arabe	Prononciation	Français
jasad	*ja-sad*	corps
ra's	*ra-'s*	tête
fam	*fa-m*	bouche
lisân	*li-saa-n*	langue
asnân	*as-naa-n*	dents
wajh	*wa-j-h*	visage
jild	*jil-d*	peau
anf	*a-n-f*	nez
udhunân	*oudhounaa-n*	oreilles
'aynân	*'ay-naa-n*	yeux
dimâgh	*dimaa-gh*	cerveau

Arabe	Prononciation	Français
qalb	*qal-b*	cœur
ri'a	*ri-a*	poumon
katif	*katif*	épaule
Sadr	*Sad-r*	poitrine
ma'ida	*ma'ida*	estomac
dhirâ'	*dhiraa-'*	bras
yad	*yad*	main
aSâbi'	*a-Saa-bi-'*	doigts
rijl	*rij-l*	jambe (de la cuisse au pied)
sâq	*saa-q*	jambe (du genou au pied)
qadam	*qada-m*	pied
aSâbi' al-qadam	*a-Saa-bi-' l-qada-m*	orteils
rukba	*rouk-ba*	genou
'aZm	*'aZ-m*	os
dam	*da-m*	sang
Zahr	*Zah-r*	dos

Décrire les symptômes

Si vous ne savez pas lui expliquer ce qui vous arrive, le **Tabîb** aura des difficultés à vous soigner correctement. Vous sentez-vous **marîD** (*marii-D* ; malade) ? Est-ce un **SuDâ'** (*SouDaa-'* ; mal de tête) ? Auriez-vous de la **Harâra** (*Haraa-ra* ; fièvre) ? Le tableau 14.2 récapitule les symptômes les plus courants.

TABLEAU 14.2 : Les symptômes les plus courants

Arabe	Prononciation	Français
duwâr	*douwaa-r*	malaise, tournis
waja'	*waja-'*	douleur
su'âl	*sou'aa-l*	toux
zukâm	*zoukaa-m*	rhume
Harq	*Har-q*	brûlure
iltihâb	*il-ti-haa-b*	inflammation
raDDa	*raD-Da*	bleu/contusion
Hassâsiyya	*Has-saa-siy-ya*	allergie

Le **Tabîb** vous demandera : **mâdhâ yu'limu-ka ?** (*maa-dhaa you'-limou-ka* ; qu'est-ce qui vous fait mal ?) Vous aurez recours, pour lui répondre, au verbe **âlama/yu'limu** (*aa-lama/you'-limou* ; faire souffrir). Donc, à la question **mâdhâ yu'limu-ka ?**, vous pourrez répondre :

» **ra's-î yu'limun-î** (*ra'-sii you'-limou-n-ii* ; j'ai mal à la tête).

» **udhunâ-ya tu'limânin-î** (*oudhounaa-ya tou'-limaa-ni-n-ii* ; j'ai mal aux oreilles).

» **Sadrî yu'limun-î** (*Sad-r-ii you'-limou-n-ii* ; j'ai mal à la poitrine).

» **'aynâ-ya tu'limânin-î** (*'ay-naa-ya tou'-limaa-ni-n-ii* ; j'ai mal aux yeux).

Un bon traitement

Après avoir analysé vos symptômes, le **Tabîb** pourra vous proposer un **'ilâj** (*'ilaa-j* ; traitement). Si vous tenez à rester **fî SiHHa jayyida** (*fii SiH-Ha jay-yida* ; en bonne santé), soyez attentif aux conseils du **Tabîb**. À propos de traitement :

- **dawâ'** (*dawaa-'* ; médicament)
- **SayDaliyya** (*Say-Daliy-ya* ; pharmacie)
- **'iyâda** (*'iyaa-da* ; cabinet médical)

L'assistance juridique

Mieux vaut ne jamais avoir affaire à la justice, mais qui sait si vous n'aurez pas besoin un jour ou l'autre des services du **muHâmî** (*mouHaa-mii* ; avocat) ? Le **muHâmî** connaît les **Huqûq** (*Houqoû-q* ; droits). Si vous vous retrouviez accusé d'une **junHa** (*joun-Ha* ; délit), qui d'autre pourrait vous venir en aide ?

TRUC

À l'étranger, pour obtenir une représentation légale, le mieux, avant de chercher le **muHâmî**, est de prendre contact avec sa **qunSuliyya** (*qoun-Souliy-ya* ; consulat) et de demander à parler au **qunSul** (*qoun-Soul* ; consul). En effet, celui-ci connaît la loi du pays hôte. Au cas où vous vous retrouveriez à la **maHkama** (*maH-kama* ; tribunal), face au **qâDî** (*qaa-Dii* ; juge), l'aide de la **qunSuliyya** serait inestimable.

Dans ce genre de situation, vous contacterez aussi la **sifâra** (*sifaa-ra* ; ambassade) de votre pays. Même sans parler directement au **safîr** (*safii-r* ; ambassadeur), vous pourrez obtenir une aide précieuse.

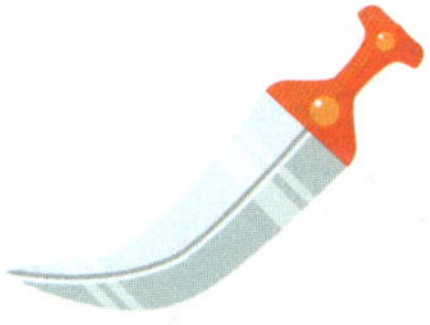

Dictionnaire Arabe/Français

A

abrîl (*ab-rii-l*) : avril
'adas (*'a-da-s*) M : lentilles
afûkâtû (*afoû-kaa-toû*) M : avocat (fruit)
aghusTus (*aghou-s-Tou-s*) : août
'ajîb (*'ajii-b*) M : étonnant
akala/ya'kulu (*akala/ya'-kou-lou*) : manger
âla (*aa-la*) F : instrument, machine
al-aHad (*al-aHad*) : dimanche
al-arbi'â' (*al-ar-bi-'aa-'*) : mercredi
âlat al-fâks (*aa-la-t l-faa-k-s*) F : télécopieur
al-ithnayn (*al-ith-nay-n*) : lundi
al-jumu'a (*al-joumou-'a*) : vendredi
al-khamîs (*al-khamii-s*) : jeudi
al-sabt (*as-sab-t*) : samedi
al-thulâthâ' (*ath-thou-laa-thaa-'*) : mardi
'amal (*'amal*) M : travail, emploi
amti'a (*am-ti-'a*) : bagages
anbaja (*a-n-baja*) F : mangue
anf (*a-n-f*) M : nez
'arafa/ya'rifu (*'arafa/ya'-ri-fou*) : savoir
arqâm (*ar-qaa-m*) : nombres
'arîD (*'a-rii-D*) M : large
aruzz (*arouz-z*) M : riz
'asal (*'a-sal*) M : miel
aSdiqâ' (*aS-di-qaa-'*) : amis
'ashâ' (*'a-shaa-'*) M : dîner
'âSifa (*'aa-Si-fa*) F : tempête
asnân (*a-s-naa-n*) : dents
'aSr (*'aS-r*) M : fin d'après-midi
awânin/al-awânî (*awaa-ni-n/al-awaa-nii*) : couverts
'ayn (*'ay-n*) F : œil
ayna (*ay-na*) : où
'azîma (*'a-zii-ma*) F : détermination

B

ba'da (*ba'-da*) : après
ba'da al-Zuhr (*ba'-da Z-Zou-h-r*) : après-midi
bâb (*baab*) M : porte
bâdhinjân (*baa-dhi-n-jaa-n*) M : aubergine
bard (*bar-d*) : froid
barq (*bar-q*) M : éclair
baSal (*ba-Sal*) M : oignon
baTâTâ (*baTaa-Taa*) F : pomme de terre
bayDa (*bay-Da*) F : œuf
bayt (*bay-t*) M : maison
bi-kam (*bi-ka-m*) : combien (prix)
bint (*bi-n-t*) F : fille
bisilla (*bi-sil-la*) F : petit pois
biTTîkh (*biT-Tii-kh*) M : pastèque
biTTîkh aSfar (*biT-Tii-kh aS-far*) M : melon
biyânû (*bi-yaa-noû*) M : piano
bûq (*boû-q*) M : trompette
bûZa (*boû-Za*) F : glace, crème glacée

C

chabbâkat awrâq (*chab-baa-ka-t aw-raa-q*) F : agrafeuse

châmbû (*chaa-m-boû*) M : shampooing
chams (*cha-m-s*) F : soleil
chanTa (*cha-n-Ta*) F : sac, valise
charika (*charika*) F : société, entreprise
chaTranj (*chaT-ra-n-j*) M : échecs
chawka (*chaw-ka*) F : fourchette
chi'r (*chi'-r*) M : poésie
chitâ' (*chi-taa-'*) : hiver
chûkûlâta (*choû-koû-laa-ta*) F : chocolat
churba (*chour-ba*) F : soupe
churfa (*chour-fa*) F : balcon
churTiyy (*chour-Tiy-y*) : policier

D

daftar (*daf-tar*) M : cahier
dajâj (*dajaa-j*) M : poulet
daqîqa (*da-qii-qa*) F : minute
daraja (*daraja*) F : degré
darasa/yadrusu (*dara-sa/ yad-rou-sou*) : étudier
darrâja (*dar-raa-ja*) F : vélo
darrâja nâriyya (*dar-raa-ja naa-riy-ya*) F : moto
dawâ' (*dawaa-'*) M : médicament
dhahaba/yadhhabu (*dha-haba/ yadh-habou*) : aller
dhâlika (*dhaa-lika*) M : celui-là
dhirâ' (*dhiraa-'*) F : bras
dhura (*dhou-ra*) F : maïs
disambir (*di-sa-m-bir*) : décembre
duchch (*douch-ch*) F : douche
dukkân (*douk-kaa-n*) M : magasin

F

fa'ala/yaf'alu (*fa-'ala/ yaf-'alou*) : faire
fakhkhâr (*fakh-khaa-r*) M : poterie
fam (*fa-m*) M : bouche
faTâ'ir (*faTaa-'ir*) : beignets
fataHa/yaftaHu (*fataHa/ yaf-taHou*) : ouvrir
fawz (*faw-z*) M : victoire
fibrâyir (*fib-raa-yir*) : février
fûl (*foû-l*) M : fèves
fulful (*foul-foul*) M : poivre
funduq (*foun-douq*) M : hôtel
furchat asnân (*four-cha-t as-naa-n*) F : brosse à dents
furn (*four-n*) M : four
furûsiyya (*fouroû-siy-ya*) F : équitation
fustân (*fou-s-taa-n*) M : robe
fuTr (*fouT-r*) M : champignon
fuTûr (*fou-Toû-r*) M : petit déjeuner

G

ghadâ' (*ghadaa-'*) M : déjeuner
ghadan (*ghada-n*) : demain
ghaDbân (*ghaD-baa-n*) : en colère, fâché
ghinâ' (*ghi-naa-'*) M : chant
ghirâ' (*ghiraa-'*) M : colle
ghûl (*ghoû-l*) M : ogre
ghurfa (*ghour-fa*) F : chambre

H

hâ'ulâ'i (*haa-'ou-laa-'i*) M/F : ces, ceux-ci, celles-ci
hâdhâ (*haa-dhaa*) M : ce, celui-ci, ceci
hâdhihi (*haa-dhi-hi*) F : cette, celle-ci
Hadîth (*Hadii-th*) M : discussion
Hâfila (*Haa-fila*) F : autobus
Hajz (*Haj-z*) : réservation
Hakam (*Haka-m*) M : arbitre
Halawiyyât (*Halawiy-yaa-t*) F : pâtisseries

Halîb (*Halii-b*) M : lait
Hallâq (*Hal-laa-q*) M : barbier, coiffeur
Halwâ (*Hal-waa*) M : gâteau
Haqîba (*Haqii-ba*) F : valise
Harâra (*Haraa-ra*) F : température
Hârr (*Haa-r-r*) : chaud
Hasâ' (*Ha-saa-'*) M : soupe
Hâsûb (*Haa-soû-b*) M : ordinateur
hâtif (*Haa-tif*) M : téléphone
Hazîn (*Hazii-n*) : triste
Hidhaa' (*Hidhaa-'*) : chaussure, paire de chaussures
hilyûn (*hil-yoû-n*) M : asperge
Hiwâr (*Hiwaa-r*) M : dialogue
hiwâya (*hiwaa-ya*) F : loisir
Hiyâka (*Hiyaa-ka*) F : tissage
Hizâm (*Hizaa-m*) M : ceinture
Hubûb al-fuTûr (*Houboû-b l-fouToû-r*) M : céréales du petit déjeuner

I

îdâ' (*ii-daa-'*) M : dépôt
ijjâSa (*ij-jaa-Sa*) F : poire
'ilâj (*'i-laa-j*) M : traitement
'inab (*'inab*) M : raisin
islâm (*is-laa-m*) M : islam
ism 'â'iliyy (*is-m 'aa-'iliy-y*) M : nom de famille
ism chakhSiyy (*is-m chakh-Siy-y*) M : prénom
istiqbâl (*is-tiq-baa-l*) M : accueil, réception
iTfâ'iyy (*iT-faa-'iy-y*) M : pompier
'iyâda (*'iyaa-da*) F : cabinet médical

J

jambariyy (*ja-m-bariy-y*) M : crevette
jâmi'a (*jaa-mi-'a*) F : université
jarîda (*jarii-da*) F : journal
jasad (*ja-sad*) M : corps
jawârib (*jawaa-rib*) : chaussettes
jawâz safar (*jawaa-z safar*) M : passeport
jawhariyy (*jaw-hariy-y*) M : bijoutier
jilbâb (*jil-baa-b*) M : djellaba
jubn (*joub-n*) M : fromage
jûlf (*goû-l-f*) M : golf
jumbâz (*joum-baa-z*) M : gymnastique
jumla (*joum-la*) F : phrase
junHa (*joun-Ha*) F : délit

K

ka's (*ka's*) F : verre
kabîr (*kabii-r*) : grand, âgé
kalb (*kal-b*) M : chien
kalima (*kalima*) F : mot
kam (*ka-m*) : combien (quantité)
kam min (*ka-m mi-n*) : combien de
kam' (*kam-'*) : truffes
kamanja (*kama-n-ja*) F : violon
kataba/yaktubu (*kataba/yak-toubou*) : écrire
kayfa (*kay-fa*) : comment
kharîf (*kha-rii-f*) : automne
khasâra (*kha-saa-ra*) F : perte
khass (*khas-s*) M : laitue
khaTa' (*khaTa-'*) M : erreur
khawkha (*khaw-kha*) F : pêche (fruit)
khiyâr (*khi-yaa-r*) M : concombre
khizâna (*khizaa-na*) F : armoire
khurchûf (*khour-choûf*) M : artichaut
kitâb (*ki-taa-b*) M : livre
kûb (*koûb*) M : coupe, verre
kura (*koura*) F : ballon

kurat al-miDrab (*koura-t l-miD-rab*) F : tennis

kurat al-qadam (*koura-t l-qa-da-m*) F : football

kurat al-salla (*koura-t s-sal-la*) F : basket-ball

kurat al-Tâ'ira (*koura-t Taa-'ira*) F : volley-ball

kursiyy (*kour-siy-y*) M : chaise

L

lâ'ib (*laa-'ib*) M : joueur

lâ'iba (*laa-'iba*) F : joueuse

laHm (*laH-m*) M : viande

laHm al-'ijl (*laH-m l-'i-j-l*) M : viande de veau

laHm al-baqar (*laH-m l-baqar*) M : viande de bœuf

laHm al-ghanam (*laH-m l-ghana-m*) M : viande de mouton

layla (*lay-la*) F : nuit

laymûn (*lay-moû-n*) M : citron

laymûn hindiyy (*lay-moû-n hi-n-diy-y*) M : pamplemousse

li-mâdhâ (*li-maa-dhaa*) : pourquoi

lisân (*li-saa-n*) M : langue (organe)

lugha (*lougha*) F : langue (parlée)

M

ma'ida (*ma-'i-da*) F : estomac

ma'lûma (*ma'-loû-ma*) F : renseignement

ma'mal (*ma'-mal*) M : atelier, fabrique

mâdhâ (*maa-dhaa*) : quoi, qu'est-ce que

madîna (*madii-na*) F : ville

maDmûn (*maD-moû-n*) M : inclus

madrasa (*mad-ra-sa*) F : école

maghsala (*magh-sala*) F : lavabo

maHkama (*maH-kama*) F : tribunal

makân al-wilâda (*makaa-n l-wilaa-da*) M : lieu de naissance

makhbaza (*makh-baza*) F : boulangerie

maktaba (*mak-taba*) F : librairie, bibliothèque

mâl (*maa-l*) M : argent

mal'ab (*mal-'ab*) M : stade

malâbis (*malaa-bi-s*) : vêtements

man (*ma-n*) : qui

manzil (*ma-n-zil*) M : maison

marâfiq (*maraa-fiq*) : commodités

marîD (*marii-D*) M : malade

mârs (*maa-r-s*) : mars

masâ' (*masaa-'*) M : soir

masbaH (*mas-bah*) M : piscine

masjid (*mas-jid*) M : mosquée

maSrif (*maS-rif*) M : banque

maSrifiyy (*maS-rifiy-y*) M : banquier

maT'am (*maT-'am*) M : restaurant

matâ (*mataa*) : quand

maTar (*maTar*) : pluie

matHaf (*mat-Haf*) M : musée

mâyû (*maa-yoû*) : mai

mi'Taf (*mi'-Taf*) M : manteau

michbak waraq (*mich-bak waraq*) M : trombone

miftâH (*mif-taa-H*) M : clé

miHfaZa (*miH-faZa*) F : mallette

mihna (*mih-na*) F : profession

mil'aqa (*mil-'aqa*) : cuillère

milH (*mil-H*) M : sel

mimHât (*mi-m-Haa-t*) F : gomme

mindîl (*mi-n-dii-l*) M : serviette de table, mouchoir

mir'â (*mir-aa*) F : miroir
mirHâD (*mir-Haa-D*) M : toilettes
miS'ad (*miS-'ad*) M : ascenseur
mubârâ (*moubaa-raa*) F : match
mudda (*moud-da*) F : durée
muHâmin/al-muHâmî (*mouHaa-mi-n/al-mou-Haa-mii*) M : avocat (profession)
musâ'ada (*mou-saa-'da*) F : aide, assistance
mustakhdim (*mous-takh-dim*) M : employeur

N

naqd (*naq-d*) M : pièce de monnaie
naql (*naq-l*) : transport
natîja (*natii-ja*) F : résultat
naw' (***naw-'***) M : sorte, genre
nawm (*naw-m*) M : sommeil
nây (*naa-y*) M : flûte
nûfambar (*noû-fa-m-bar*) : novembre
nûr (*noû-r*) M : lumière

Q

qabla (*qab-la*) : avant
qâDin/al-qâDî (*qaa-Di-n/al-qaa-Dii*) M : juge
qahwa (*qah-wa*) F : café (boisson)
qalam (*qala-m*) M : crayon, stylo
qalam Hibr nâchif (*qala-m Hib-r naa-chif*) M : stylo
qalam raSâS (*qala-m ra-Saa-S*) M : crayon à papier
qalb (*qal-b*) M : cœur
qamîS (*qamii-S*) M : chemise
qâmûs (*qaa-moû-s*) M : dictionnaire
qara'a/yaqra'u (*qara-'a/yaq-ra-'ou*) : lire
qarnabîT (*qar-nabii-T*) M : chou-fleur
qaws (*qaw-s*) M : arc
qaws quzaH (*qaw-s qouzaH*) M : arc-en-ciel
qif (*qif*) : stop
qirâ'a (*qiraa-'a*) F : lecture
qird (*qir-d*) M : singe
qiTâr (*qiTaa-r*) M : train
qîthâra (*qii-thaara*) F : guitare
qubba'a (*qoub-ba-'a*) F : chapeau

R

ra'D (*ra'-D*) M : tonnerre
ra's (*ra'-s*) M : tête
rabî' (*rabii-'*) M : printemps
raja'a/yarji'u (*raja'a/yar-ji'ou*) : revenir, rentrer
raqm (*raq-m*) M : chiffre, numéro
raqm al-hâtif (*raq-m l-haa-tif*) M : numéro de téléphone
raqS (*raq-S*) M : danse
rasm (*ra-s-m*) M : dessin
râtib (*raa-tib*) M : salaire
ri'a (*ri-'a*) F : poumon
riHla (*riH-la*) F : vacances
riiH (*rii-H*) F : vent
rijl (*ri-j-l*) F : jambe
rukba (*rouk-ba*) F : genou
rukhSat siyâqa (*roukh-Sa-t siyaa-qa*) F : permis de conduire
ruTûba (*rouToû-ba*) F : humidité

S

sâ'a (*saa-'a*) F : heure
SabâH (*Sabaa-H*) M : matin
sabânikh (*sabaa-nikh*) M : épinards
Sâbûn (*Saa-boû-n*) M : savon
Sâbûn li-al-cha'r (*Saa-boû-n li-ch-cha-'-r*) M : shampooing

safar (*safar*) M : voyage
safîna (*safii-na*) F : bateau, navire
Saghîr (*Saghii-r*) : petit
saHâb (*saHaa-b*) M : nuage
saHb (*saH-b*) M : retrait
SaHn (*SaH-n*) M : assiette
sakana/yaskunu (*sakana/yas-kounou*) : habiter
Sakk (*Sak-k*) M : chèque
salîm (*salii-m*) M : sain
samak (*samak*) M : poisson
sarîr (*sarii-r*) M : lit
Sawt (*Saw-t*) : bruit
SayDaliyya (*Say-Daliy-ya*) F : pharmacie
Sayf (*Say-f*) M : été
sibâHa (*sibaa-Ha*) F : natation
sibtambir (*si-b-ta-m-bir*) : septembre
sikkîn (*sik-kii-n*) M : couteau
sînimâ (*sii-nimaa*) F : cinéma
sirwâl (*sir-waa-l*) M : pantalon
siyâqa (*siyaa-qa*) F : conduite
su'âl (*sou-'aa-l*) M : question
suHub (*sou-Houb*) : nuages
sukkar (*souk-kar*) M : sucre

T

Ta'âm (*Ta-'aa-m*) : nourriture
Tabaq (*Tabaq*) M : plateau
Tâbi'a (*Taa-bi-'a*) F : imprimante
Tâbiq (*Taa-biq*) M : étage
Tabl (*Tab-l*) M : tambour
tafarraja (*tafar-raja*) : regarder
takallama (*takal-lama*) : parler
tâksî (*taa-k-sii*) M : taxi
TamâTim (*Tamaa-Ti-m*) : tomates
Taqs (*Taq-s*) M : temps, climat
târîkh al-wilâda (*taa-rii-kh l-wilaa-da*) M : date de naissance
tawâzun (*tawaa-zou-n*) M : équilibre
tazaHluq (*tazaH-louq*) M : ski
tazalluj (*tazal-louj*) M : patin à glace
thalj (*thal-j*) M : neige
thallâja (*thal-laa-ja*) F : réfrigérateur
thaman (*tha-ma-n*) M : prix
thâniya (*thaa-niya*) F : seconde
thûm muHammar (*thoû-m mouHam-mar*) M : ail rôti
tilifizyûn (*tilifiz-yoû-n*) M : télévision
tilka (*til-ka*) F : celle-là
tûta (*toû-ta*) F : mûre

U

udhun (*oudhou-n*) F : oreille
ujra (*ouj-ra*) F : salaire
uktûbar (*ouk-toû-bar*) : octobre
ulâ'ika (*oulaa-ika*) M/F : ceux-là, celles-là
'ummâl (*'oum-maa-l*) M : travailleurs, ouvriers
usra (*ous-ra*) F : famille

W

walad (*walad*) M : garçon
waraq 'inab (*waraq 'inab*) : feuilles de vigne farcies
waraq la'ib (*waraq la'ib*) : cartes (à jouer)
wikâlat safar (*wikaa-la-t safar*) F : agence de voyages

Y

yad (*yad*) F : main
yanâyir (*yanaa-yir*) : janvier
yawm (*yaw-m*) M : jour
yûlyû (*yoû-l-yoû*) : juillet
yûnyû (*yoû-n-yoû*) : juin

Z

zabûn (*za-boû-n*) : client
Zahr (*Zah-r*) M : dos
zayt (*zay-t*) M : huile
zayt al-zaytûn (*zay-t z-zay-toû-n*) M : huile d'olive
zaytûna (*zay-toû-na*) F : olive
ziyâra (*ziyaa-ra*) F : visite
Zuhr (*Zouh-r*) M : midi

Dictionnaire Français/Arabe

A

accueil, réception : **istiqbâl** (*is-tiq-baa-l*) M

agence de voyages : **wikâlat safar** (*wikaa-la-t safar*) F

agent de police : **churTiyy** (*chour-Tiy-y*)

agrafeuse : **chabbâkat awrâq** (*chab-baa-ka-t aw-raa-q*) F

aide : **musâ'ada** (*mou-saa-'ada*) F

ail rôti : **thûm muHammar** (*thoû-m mouHam-mar*) M

aller : **dhahaba/yadhhabu** (*dhahaba/yadh-habou*)

amis : **aSdiqâ'** (*aS-diqaa-'*)

août : **aghusTus** (*aghous-Tous*)

après : **ba'da** (*ba'-da*)

après-midi : **ba'da al-Zuhr** (*ba'-da Z-Zouh-r*)

arbitre : **Hakam** (*Haka-m*) M

arc : **qaws** (*qaw-s*) M

arc-en-ciel : **qaws quzaH** (*qaw-s qouzaH*) M

argent : **mâl** (*maa-l*) M

armoire : **khizâna** (*khizaa-na*) F

artichaut : **khurchûf** (*khour-choû-f*) M

ascenseur : **miS'ad** (*miS-'ad*) M

asperge : **hilyûn** (*hil-yoû-n*) M

assiette : **SaHn** (*SaH-n*) M

atelier, fabrique : **ma'mal** (*ma'-mal*) M

aubergine : **bâdhinjân** (*baa-dhi-n-jaa-n*) M

autobus : **Hâfila** (*Haa-fila*) F

automne : **kharîf** (*kharii-f*) M

avant : **qabla** (*qab-la*)

avocat (fruit) : **afûkâtû** (*afoû-kaa-toû*) M

avocat (profession) : **muHâmin/al-muHâmî** (*mouHaa-mi-n/al-mouHaa-mii*)

avril : **abrîl** (*ab-rii-l*)

B

bagages : **amti'a** (*a-m-ti-'a*) F

balcon : **churfa** (*chour-fa*) F

ballon : **kura** (*koura*) F

banque : **maSrif** (*maS-rif*) M

banquier : **maSrifiyy** (*maS-ri-fiy-y*) M

barbier : **Hallâq** (*Hal-laa-q*) M

basket-ball : **kurat as-salla** (*kou-ra-t s-sal la*) F

bateau : **safîna** (*safii-na*) F

beignets : **faTâ'ir** (*faTaa-'ir*)

bibliothèque : **maktaba** (*mak-taba*) F

bicyclette : **darrâja** (*dar-raa-ja*) F

bijoutier : **jawhariyy** (*jaw-ha-riy-y*) M

bœuf (viande de) : **laHm al-baqar** (*laH-m l-baqar*) M

bouche : **fam** (*fa-m*) M

boulangerie : **makhbaza** (*makh-baza*) F

bras : **dhirâ'** (*dhiraa-'*) F

brosse à dents : **furchat asnân** (*four-cha-t as-naa-n*) F

bruit, voix : **Sawt** (*Saw-t*)

bus : **Hâfila** (*Haa-fila*) F

C

cabinet médical : **'iyâda** (*'iyaa-da*) F

café (boisson) : **qahwa** (*qah-wa*) F

café (lieu) : **maqhâ** (*maq-haa*) M
cahier : **daftar** (*daf-tar*) M
cartes (à jouer) : **waraq la'ib** (*waraq la-'ib*)
ceinture : **Hizâm** (*Hizaa-m*) M
celle-ci : **hâdhihi** (*haa-dhi-hi*) F
celle-là : **tilka** (*til-ka*) F
celui-ci : **hâdhâ** (*haa-dhaa*) M
celui-là : **dhâlika** (*dhaa-lika*) M
céréales du petit déjeuner : **Hubûb al-fuTûr** (*Houboû-b l-fouToû-r*)
ces, ceux-ci, celles-ci : **hâ'ulâ'i** (*haa-oulaa-i*)
ces, ceux-là, celles-là : **ûlâ'ika** (*oû-laa-i-ka*)
chaise : **kursiyy** (*kour-siy-y*) M
chambre : **ghurfa** (*ghour-fa*) F
champignons : **fuTr** (*fouT-r*) M
chant : **ghinâ'** (*ghinaa-'*) M
chapeau : **qubba'a** (*qoub-ba-'a*) F
chaud : **Hârr** (*Haa-r-r*) M
chaussettes : **jawârib** (*jawaa-rib*)
chaussure, paire de chaussures : **Hidhâ'** (*Hidhaa-'*) M
chemise : **qamîS** (*qamii-S*) M
chèque : **Sakk** (*Sak-k*) M
chien : **kalb** (*kal-b*) M
chocolat : **chûkûlâta** (*choû-koû-laa-ta*) M
chou-fleur : **qarnabîT** (*qar-na-bii-T*) M
cinéma : **sînimâ** (*sii-nimaa*) F
citron : **laymûn** (*lay-moûn*) M
clé : **miftâH** (*mif-taa-H*) M
client : **zabûn** (*zaboû-n*) M
cœur : **qalb** (*qal-b*) M
colère (en) : **ghaDbân** (*ghaD-baa-n*) M
colle : **ghirâ'** (*ghiraa-'*) M
combien (prix) : **bi-kam** (*bi-ka-m*)
combien (quantité) : **kam** (*ka-m*)
combien de : **kam min** (*ka-m mi-n*)
comment : **kayfa** (*kay-fa*)
commodités : **marâfiq** (*maraa-fiq*)
comptabilité : **muHâsaba** (*mou-Haa-saba*)
concombre : **khiyâr** (*khiyaa-r*) M
conduite : **siyâqat** (*siyaa-qat*) F
conversation, discussion : **Hadîth** (*Hadii-th*) M
corps : **jasad** (*ja-sad*) M
coupe, verre : **kûb** (*koû-b*) M
couteau : **sikkîn** (*sik-kii-n*) M
couverts : **awânin/al-awânî** (*awaa-ni-n/al-awaanii*)
crayon à papier : **qalam raSâS** (*qala-m raSaa-S*) M
crème glacée : **bûZa** (*boû-za*) F
crevette : **jambariyy** (*ja-m-ba-riy-y*) M
cuillère : **mil'aqa** (*mil-'aqa*) F

D

danse : **raqS** (*raq-S*) M
date de naissance : **târîkh al-wilâda** (*taa-rii-kh l-wilaa-da*) M
décembre : **disambir** (*di-sa-m-bir*)
degré : **daraja** (*daraja*) F
déjeuner : **ghadâ'** (*ghadaa-'*) M
délit : **junHa** (*joun-Ha*) F
demain : **ghadan** (*ghada-n*)
dents : **asnân** (*as-naa-n*)
dépôt : **îdâ'** (*ii-daa-'*) M
dessin : **rasm** (*ras-m*) M
détermination : **'azîma** (*'azii-ma*) F
dialogue : **Hiwâr** (*Hiwaa-r*) M
dictionnaire : **qâmûs** (*qaa-moû-s*) M

dimanche : **al-aHad** (*al-aHad*)
dîner : **'achâ'** (*'achaa-'*) M
djellaba : **jilbâb** (*jil-baa-b*) M
dos : **Zahr** (*Zah-r*) M
douche : **duchch** (*douch-ch*) M
durée : **mudda** (*moud-da*) F

E

échecs : **chaTranj** (*chaT-ra-n-j*) M
éclair : **barq** (*bar-q*) M
école : **madrasa** (*mad-ra-sa*) F
écrire : **kataba/yaktubu** (*kataba/yak-tou-bou*)
emploi : **mihna** (*mih-na*) F
employeur : **mustakhdim** (*mous-takh-di-m*) M
épinards : **sabânikh** (*sabaa-nikh*)
équilibre : **tawâzun** (*tawaa-zou-n*) M
équitation : **furûsiyya** (*fouroû-siy-ya*) F
erreur : **khaTa'** (*khaTa-'*) M
estomac : **ma'ida** (*ma-'ida*) F
étage : **Tâbiq** (*Taa-biq*) M
été : **Sayf** (*Say-f*)
étonnant : **'ajîb** (*'ajii-b*) M
étudier : **darasa/yadrusu** (*dara-sa/yad-rou-sou*)
évier, lavabo : **maghsala** (*magh-sala*) F

F

faire : **fa'ala/yaf'alu** (*fa-'ala/yaf-'alou*)
famille : **'â'ila** (*'aa-ila*), **usra** (*ous-ra*) F
feuilles de vigne farcies : **waraq 'inab** (*waraq 'inab*)
fèves : **fûl** (*foûl*)
février : **fibrâyir** (*fib-raa-yir*)
fille : **bint** (*bi-n-t*) F
fin d'après-midi : **'aSr** (*'aS-r*) M
flûte : **nây** (*naa-y*) M
football : **kurat al-qadam** (*koura-t l-qada-m*) F
four : **furn** (*four-n*) M
fourchette : **chawka** (*chaw-ka*) F
froid : **bard** (*bar-d*) M
fromage : **jubn** (*joub-n*) M

G

garçon : **walad** (*walad*) M
gâteau : **Halwâ** (*Hal-waa*) F
genou : **rukba** (*rouk-ba*) F
glace, crème glacée : **bûZa** (*boû-Za*) F
glace, miroir : **mir'ât** (*mir-aa*) F
golf : **jûlf** (*joû-l-f*) M
gomme : **mimHât** (*mi-m-Haa-t*) F
grand : **kabîr** (*kabii-r*) M
gros : **samîn** (*samii-n*) M
guitare : **qîthâra** (*qii-thaa-ra*) F
gymnastique : **jumbâz** (*joum-baa-z*) M

H

habiter : **sakana/yaskunu** (*sakana/yas-kounou*)
heure : **sâ'a** (*saa-'a*) F
hiver : **chitâ'** (*chitaa-'*) M
hôtel : **funduq** (*foun-douq*) M
huile : **zayt** (*zay-t*) M
huile d'olive : **zayt al-zaytûn** (*zay-t z-zay-toû-n*) M
humidité : **ruTûba** (*rouToû-ba*)

I

imprimante : **Tâbi'a** (*Taa-bi-'a*) F
inclus : **maDmûn** (*maD-moû-n*)
information : **ma'lûma** (*ma-'loû-ma*) F
islam : **islâm** (*is-laa-m*)

J

jambe : **rijl** (*ri-j-l*) F
janvier : **yanâyir** (*yanaa-yir*)
jeudi : **al-khamîs** (*al-khamii-s*)
joueur : **lâ'ib** (*laa-'ib*) M
joueuse : **lâ'iba** (*laa-'iba*) F
jour : **yawm** (*yaw-m*) M
journal : **jarîda** (*jarii-da*) F
juge : **qâDin/al-qâDî** (*qaa-Di-n/al-qaa-Dii*) M
juillet : **yûlyû** (*yoû-l-yoû*)
juin : **yûnyû** (*yoû-n-yoû*)

L

lait : **Halîb** (*Halii-b*) M
laitue : **khass** (*khas-s*) M
langue (organe) : **lisân** (*lisaa-n*) M
langue (parlée) : **lugha** (*lougha*) F
large : **'arîD** (*'arii-D*) M
lavabo : **maghsala** (*magh-sala*) F
lecture : **qirâ'a** (*qiraa-'a*) F
lentilles : **'adas** (*'ada-s*)
librairie : **maktaba** (*mak-taba*) F
lieu de naissance : **makân al-wilâda** (*makaa-n l-wi-laa-da*) M
lire : **qara'a/yaqra'u** (*qara-'a/yaq-ra-'ou*)
lit : **sarîr** (*sarii-r*) M
livre : **kitâb** (*kitaa-b*) M
loisir : **hiwâya** (*hiwaa-ya*) F
lumière : **nûr** (*noû-r*) M
lundi : **al-ithnayn** (*al-ith-nay-n*)

M

machine, instrument : **âla** (*aa-la*) F
magasin, boutique : **dukkân** (*douk-kaa-n*) M
mai : **mâyû** (*maa-yoû*)
main : **yad** (*yad*) F
maïs : **dhura** (*dhoura*)
maison : **bayt** (*bay-t*) M, **manzil** (*ma-n-zil*) M
malade : **marîD** (*marii-D*) M
mallette : **miHfaZa** (*miH-faZa*) F
manger : **akala/ya'kulu** (*akala/ya'-koulou*)
mangue : **anbaja** (*a-n-baja*) F
manteau : **mi'Taf** (*mi'-Taf*) M
mardi : **al-thulâthâ'** (*ath-thoulaa-thaa-'*)
mars : **mârs** (*maa-r-s*)
match : **mubârâ** (*moubaa-raa*) F
matin : **SabâH** (*Sabaa-H*) M
médicament : **dawâ'** (*dawaa-'*) M
melon : **biTTîkh aSfar** (*biT-Tii-kh aS-far*) M
mercredi : **al-arbi'â'** (*al-ar-bi-'aa-'*)
midi : **Zuhr** (*Zouh-r*) M
miel : **'asal** (*'a-sal*) M
minute : **daqîqa** (*daqii-qa*) F
miroir : **mir'â** (*mir-aa*) F
mosquée : **masjid** (*mas-jid*) M
mot : **kalima** (*kalima*) F
moto : **darrâja nâriyya** (*dar-raa-ja naa-riy-ya*) F
mouton (viande de) : **laHm al-ghanam** (*laH-m l-gha-na-m*) M
mûre : **tûta** (*toû-ta*) F
musée : **matHaf** (*mat-Haf*) M

N

natation : **sibâHa** (*sibaa-Ha*) F
neige : **thalj** (*thal-j*) M
nez : **anf** (*an-f*) M
nom de famille : **ism 'â'iliyy** (*is-m 'aa-'iliy-y*) M
nombre : **'adad** (*'adad*) M
nourriture : **Ta'âm** (*Ta-'aa-m*) M

novembre : **nûfambar** (*noû-fa-m-bar*)
nuage : **saHâb** (*sa-Haa-b*) M
nuages : **suHub** (*souHoub*)
nuit : **layla** (*lay-la*) F
numéro de téléphone : **raqm al-hâtif** (*raq-m l-haa-tif*) M
numéro, chiffre : **raqm** (*raq-m*) M

O

octobre : **uktûbar** (*ouk-toû-bar*)
œil : **'ayn** (*'ay-n*) F
œuf : **bayDa** (*bay-Da*) F
ogre : **ghûl** (*ghoû-l*) M
oignons : **baSal** (*ba-sal*) M
olive : **zaytûna** (*zay-toû-na*) F
ordinateur : **Hâsûb** (*Haa-soû-b*) M
oreille : **udhun** (*oudhoun*) F
où : **ayna** (*ay-na*)
ouvrir : **fataHa/yaftaHu** (*fataHa/yaf-taHou*)

P

pamplemousse : **laymûn hindiyy** (*lay-moû-n hi-n-diy-y*) M
pantalon : **sirwâl** (*sir-waa-l*) M
parler : **takallama/yatakallamu** (*takal-lama/yatakal-lamou*)
passeport : **jawâz safar** (*jawaa-z safar*) M
pastèque : **biTTîkh** (*biT-Tii-kh*) M
pâtisseries : **Halawiyyât** (*Halawiy-yaa-t*)
pêche (fruit) : **khawkha** (*khaw-kha*) F
permis de conduire : **rukhSat siyâqa** (*roukh-Sa-t siyaa-qa*) F
perte : **khasâra** (*kha-saa-ra*) F
petit : **Saghîr** (*Saghii-r*) M
petit déjeuner : **fuTûr** (*fouToû-r*) M
petit pois : **bisilla** (*bi-sil-la*) F
pharmacie : **SayDaliyya** (*Say-Daliy-ya*) F
phrase : **jumla** (*joum-la*) F
piano : **biyânû** (*biyaa-noû*) M
pièce de monnaie : **naqd** (*naq-d*) M
piscine : **masbaH** (*mas-baH*) M
plat, repas : **wajba** (*waj-ba*) F
plateau : **Tabaq** (*Tabaq*) M
pluie : **maTar** (*maTar*) M
poésie : **chi'r** (*chi'-r*) M
poire : **ijjâSa** (*ij-jaa-Sa*) F
poisson : **samak** (*samak*) M
poivre : **fulful** (*foul-foul*) M
pomme de terre : **baTâTâ** (*baTaa-Taa*) F
pompier : **iTfâ'iyy** (*iT-faa-'iy-y*) M
porte : **bâb** (*baa-b*) M
poterie : **fakhkhâr** (*fakh khaa-r*) M
poulet : **dajâj** (*dajaa-j*) M
poumon : **ri'a** (*ri-'a*) F
pourquoi : **li-mâdhâ** (*li-maa-dhaa*)
prénom : **ism chakhSiyy** (*is-m chakh-Siy-y*) M
printemps : **rabî'** (*rabii-'*) M
prix : **thaman** (*thama-n*) M
profession, métier : **mihna** (*mih-na*) F

Q

quand : **matâ** (*mataa*)
question : **su'âl** (*sou-aa-l*) M
qui : **man** (*ma-n*)
quoi, qu'est-ce que : **mâdhâ** (*maa-dhaa*)

R

raisin : **'inab** (*'inab*) M
réfrigérateur : **thallâja** (*thal-laa-ja*) F

regarder : **tafarraja/yatafarraju** (*tafar-raja/yatafar-rajou*)
réservation : **Hajz** (*Haj-z*) M
restaurant : **maT'am** (*maT-'a-m*) M
résultat : **natîja** (*natii-ja*) F
retourner : **raja'a/yarji'u** (*raja-'a/yar-ji-'ou*)
retrait : **saHb** (*saH-b*) M
riz : **aruzz** (*arouz-z*) M
robe : **fustân** (*fous-taa-n*) M

S

sain : **salîm** (*salii-m*) M
salaire : **râtib** (*raa-tib*) M
salaire : **ujra** (*ouj-ra*) F
samedi : **al-sabt** (*as-sab-t*)
savoir : **'arafa/ya'rifu** (*'arafa/ya'-rifou*)
savon : **Sâbûn** (*Saa-boû-n*) M
score : **natîja** (*natii-ja*) F
seconde : **thâniya** (*thaa-niya*) F
sel : **milH** (*mil-H*) M
septembre : **sibtambir** (*sib-tam-bir*)
serviette de table, mouchoir : **mindîl** (*mi-n-dii-l*) M
shampooing : **Sâbûn li-al-cha'r** (*Saa-boû-n li-ch-cha'-r*)
shampooing : **châmbû** (*chaa-m-boû*) M
singe : **qird** (*qir-d*) M
ski : **tazaHluq** (*tazaH-louq*) M
société, entreprise : **charika** (*charika*) F
soir : **masâ'** (*ma-saa-'*) M
soleil : **chams** (*cham-s*) F
sommeil : **nawm** (*naw-m*) M
soupe : **churba** (*chour-ba*) F
soupe : **Hasâ'** (*Ha-saa-'*) M
stade : **mal'ab** (*mal-'ab*) M
stop : **qif** (*qif*)
stylo : **qalam Hibr nâchif** (*qala-m Hib-r naa-chif*) M
sucre : **sukkar** (*souk-kar*) M

T

tambour : **Tabl** (*Tab-l*) M
taxi : **tâksî** (*taa-k-sii*) M
télécopieur : **fâks** (*faa-k-s*) M
téléphone : **hâtif** (*haa-tif*) M
télévision : **tilifizyûn** (*tili-fiz-yoû-n*) M
température (temps) : **darajat al-Harâra** (*daraja-t l-Ha-raa-ra*) F
tempête : **'âSifa** (*'aa-Sifa*) F
temps, climat : **Taqs** (*Taq-s*) M
tennis : **kurat al-miDrab** (*koura-t al-miD-rab*) F
tête : **ra's** (*ra'-s*) M
tissage : **Hiyâka** (*Hiyaa-ka*) F
toilettes : **mirHâD** (*mir-Haa-d*) M
tomates : **TamâTim** (*Tamaa-Ti-m*) F
tonnerre : **ra'd** (*ra'-d*) M
train : **qiTâr** (*qiTaa-r*) M
traitement, soins : **'ilâj** (*'ilaa-j*) M
transport : **naql** (*naq-l*)
travail, emploi : **'amal** (*'amal*) M
travailleurs, ouvriers : **'ummâl** (*'oum-maa-l*) M
tribunal : **maHkama** (*maH-kama*) F
triste : **Hazîn** (*Hazii-n*) M
trombone (papeterie) : **michbak waraq** (*mich-bak waraq*) M
trompette : **bûq** (*boû-q*) M
truffes : **kam'** (*kam-'*)
type, genre : **naw'** (*naw-'*) M

U

université : **jâmi'a** (*jaa-mi-'a*) F

V

vacances : **'uTla** (*'ouT-la*) F

valise, sac : **chanTa** (*cha-n-Ta*) F
valise : **Haqîba** (*Haqii-ba*) F
veau (viande de) : **laHm al-'ijl** (*laH-m l-'ij-l*) M
vélo : **darrâja** (*dar-raa-ja*) F
vendredi : **al-jumu'a** (*al-joumou-'a*)
vent : **rîH** (*rii-H*) F
verre : **ka's** (*ka'-s*) F
verre, coupe : **kûb** (*koû-b*) M
verres : **ku'ûs** (*kou-oû-s*)
vêtements : **malâbis** (*malaa-bi-s*)
viande : **laHm** (*laH-m*) M
victoire : **fawz** (*faw-z*) M
ville : **madîna** (*madii-na*) F
violon : **kamanja** (*kama-n-ja*) F
visite : **ziyâra** (*ziyaa-ra*) F
volley-ball : **kurat al-Tâ'ira** (*koura-t Taa-'ira*) F
voyage : **safar** (*safar*) M

Y

yeux : **'aynân** (*'ay-naa-n*) M

Index alphabétique